海上絲綢之路基本文獻叢書

# 南洋貿易論（上）

單岩基　編著

文物出版社

圖書在版編目（CIP）數據

南洋貿易論．上 / 單岩基編著．-- 北京 ：文物出版社，2022.7
（海上絲綢之路基本文獻叢書）
ISBN 978-7-5010-7690-1

Ⅰ．①南… Ⅱ．①單… Ⅲ．①貿易經濟－介紹－東南亞 Ⅳ．①F733.3

中國版本圖書館 CIP 數據核字（2022）第 091065 號

**海上絲綢之路基本文獻叢書**

南洋貿易論（上）

---

著　　者：單岩基
策　　劃：盛世博閱（北京）文化有限責任公司

封面設計：鞏榮彪
責任編輯：劉永海
責任印製：張　麗

出版發行：文物出版社
社　　址：北京市東城區東直門內北小街 2 號樓
郵　　編：100007
網　　址：http://www.wenwu.com
經　　銷：新華書店
印　　刷：北京旺都印務有限公司
開　　本：787mm×1092mm　1/16
印　　張：15.25
版　　次：2022 年 7 月第 1 版
印　　次：2022 年 7 月第 1 次印刷
書　　號：ISBN 978-7-5010-7690-1
定　　價：98.00 圓

---

# 總緒

海上絲綢之路，一般意義上是指從秦漢至鴉片戰争前中國與世界進行政治、經濟、文化交流的海上通道，主要分爲經由黄海、東海的海路最終抵達日本列島及朝鮮半島的東海航綫和以徐聞、合浦、廣州、泉州爲起點通往東南亞及印度洋地區的南海航綫。

在中國古代文獻中，最早、最詳細記載『海上絲綢之路』航綫的是東漢班固的《漢書·地理志》，詳細記載了西漢黄門譯長率領應募者入海『齎黄金雜繒而往』之事，書中所出現的地理記載與東南亞地區相關，并與實際的地理狀況基本相符。

東漢後，中國進入魏晉南北朝長達三百多年的分裂割據時期，絲路上的交往也走向低谷。這一時期的絲路交往，以法顯的西行最爲著名。法顯作爲從陸路西行到印度，再由海路回國的第一人，根據親身經歷所寫的《佛國記》（又稱《法顯傳》）一書，詳細介紹了古代中亞和印度、巴基斯坦、斯里蘭卡等地的歷史及風土人情，是瞭解和研究海陸絲綢之路的珍貴歷史資料。

隨着隋唐的統一，中國經濟重心的南移，中國與西方交通以海路爲主，海上絲綢之路進入大發展時期。廣州成爲唐朝最大的海外貿易中心，朝廷設立市舶司，專門管理海外貿易。唐代著名的地理學家賈耽（七三〇～八〇五年）的《皇華四達記》記載了從廣州通往阿拉伯地區的海上交通『廣州通夷道』，詳述了從廣州港出發，經越南、馬來半島、蘇門答臘半島至印度、錫蘭，直至波斯灣沿岸各國的航綫及沿途地區的方位、名稱、島礁、山川、民俗等。譯經大師義净西行求法，將沿途見聞寫成著作《大唐西域求法高僧傳》，詳細記載了海上絲綢之路的發展變化，是我們瞭解絲綢之路不可多得的第一手資料。

宋代的造船技術和航海技術顯著提高，指南針廣泛應用於航海，中國商船的遠航能力大大提升。北宋徐兢的《宣和奉使高麗圖經》詳細記述了船舶製造、海洋地理和往來航綫，是研究宋代海外交通史、中朝友好關係史、中朝經濟文化交流史的重要文獻。南宋趙汝適《諸蕃志》記載，南海有五十三個國家和地區與南宋通商貿易，形成了通往日本、高麗、東南亞、印度、波斯、阿拉伯等地的『海上絲綢之路』。宋代爲了加强商貿往來，於北宋神宗元豐三年（一〇八〇年）頒佈了中國歷史上第一部海洋貿易管理條例《廣州市舶條法》，并稱爲宋代貿易管理的制度範本。

元朝在經濟上採用重商主義政策，鼓勵海外貿易，中國與歐洲的聯繫與交往非常頻繁，其中馬可·波羅、伊本·白圖泰等歐洲旅行家來到中國，留下了大量的旅行記，記録元代海上絲綢之路的盛況。元代的汪大淵兩次出海，撰寫出《島夷志略》一書，記録了二百多個國名和地名，其中不少首次見於中國著録，涉及的地理範圍東至菲律賓群島，西至非洲。這些都反映了元朝時中西經濟文化交流的豐富内容。

明、清政府先後多次實施海禁政策，海上絲綢之路的貿易逐漸衰落。但是從明永樂三年至明宣德八年的二十八年裏，鄭和率船隊七下西洋，先後到達的國家多達三十多個，在進行經貿交流的同時，也極大地促進了中外文化的交流，這些都詳見於《西洋蕃國志》《星槎勝覽》《瀛涯勝覽》等典籍中。

關於海上絲綢之路的文獻記述，除上述官員、學者、求法或傳教高僧以及旅行者的著作外，自《漢書》之後，歷代正史大都列有《地理志》《四夷傳》《西域傳》《外國傳》《蠻夷傳》《屬國傳》等篇章，加上唐宋以來衆多的典制類文獻、地方史志文獻，集中反映了歷代王朝對於周邊部族、政權以及西方世界的認識，都是關於海上絲綢之路的原始史料性文獻。

海上絲綢之路概念的形成，經歷了一個演變的過程。十九世紀七十年代德國地理學家費迪南·馮·李希霍芬（Ferdinad Von Richthofen，一八三三～一九〇五），在其《中國：親身旅行和研究成果》第三卷中首次把輸出中國絲綢的東西陸路稱爲『絲綢之路』。有『歐洲漢學泰斗』之稱的法國漢學家沙畹（Édouard Chavannes，一八六五～一九一八），在其一九〇三年著作的《西突厥史料》中提出『絲路有海陸兩道』，蘊涵了海上絲綢之路最初提法。迄今發現最早正式提出『海上絲綢之路』一詞的是日本考古學家三杉隆敏，他在一九六七年出版《中國瓷器之旅：探索海上的絲綢之路》中首次使用『海上絲綢之路』一詞；一九七九年三杉隆敏又出版了《海上絲綢之路》一書，其立意和出發點局限在東西方之間的陶瓷貿易與交流史。

二十世紀八十年代以來，在海外交通史研究中，『海上絲綢之路』一詞逐漸成爲中外學術界廣泛接受的概念。根據姚楠等人研究，饒宗頤先生是華人中最早提出『海上絲綢之路』的人，他的《海道之絲路與昆侖舶》正式提出『海上絲路』的稱謂。選堂先生評價海上絲綢之路是外交、貿易和文化交流作用的通道。此後，大陸學者馮蔚然在一九七八年編寫的《航運史話》中，使用『海上絲綢之路』一詞，這是迄今學界查到的中國大陸最早使用『海上絲綢之路』的人，更多地限於航海活動領域的考察。一九八〇年北京大學陳炎教授提出『海上絲綢之路』研究，并於一九八一年發表《略論海上絲綢之路》一文。他對海上絲綢之路的理解超越以往，且帶有濃厚的愛國主義思想。陳炎教授之後，從事研究海上絲綢之路的學者越來越多，尤其沿海港口城市向聯合國申請海上絲綢之路非物質文化遺産活動，將海上絲綢之路研究推向新高潮。另外，國家把建設『絲綢之路經濟帶』和『二十一世紀海上絲綢之路』作爲對外發展方針，將這一學術課題提升爲國家願景的高度，使海上絲綢之路形成超越學術進入政經層面的熱潮。

與海上絲綢之路學的萬千氣象相對應，海上絲綢之路文獻的整理工作仍顯滯後，遠遠跟不上突飛猛進的研究進展。二〇一八年厦門大學、中山大學等單位聯合發起『海上絲綢之路文獻集成』專案，尚在醖釀當中。我們不揣淺陋，深入調查，廣泛搜集，將有關海上絲綢之路的原始史料文獻和研究文獻，分爲風俗物産、雜史筆記、海防海事、典章檔案等六個類别，彙編成《海上絲綢之路歷史文化叢書》，於二〇二〇年影印出版。此輯面市以來，深受各大圖書館及相關研究者好評。爲讓更多的讀者親近古籍文獻，我們遴選出前編中的菁華，彙編成《海上絲綢之路基本文獻叢書》，以單行本影印出版，以饗讀者，以期爲讀者展現出一幅幅中外經濟文化交流的精美畫卷，爲海上絲綢之路的研究提供歷史借鑒，爲『二十一世紀海上絲綢之路』倡議構想的實踐做好歷史的詮釋和注脚，從而達到『以史爲鑒』『古爲今用』的目的。

# 凡例

一、本編注重史料的珍稀性，從《海上絲綢之路歷史文化叢書》中遴選出菁華，擬出版百册單行本。

二、本編所選之文獻，其編纂的年代下限至一九四九年。

三、本編排序無嚴格定式，所選之文獻篇幅以二百餘頁爲宜，以便讀者閱讀使用。

四、本編所選文獻，每種前皆注明版本、著者。

五、本編文獻皆爲影印，原始文本掃描之後經過修復處理，仍存原式，少數文獻由於原始底本欠佳，略有模糊之處，不影響閲讀使用。

六、本編原始底本非一時一地之出版物，原書裝幀、開本多有不同，本書彙編之後，統一爲十六開右翻本。

目録

# 南洋貿易論（上）

# 南洋貿易論（上）

章一至章三

單岩基　編著

民國三十二年申報館鉛印本

# 南洋貿易論

# 南洋貿易論

中華民國三十二年七月初版

版權所有

編著者　單岩基

校訂者　潘文安

發行者　申報館

印刷者　中國科學公司

定價每册中儲券兩十元

# 潘序

上海之對外貿易占中國全數之半而南洋對上海之貿易自民國廿九年以後更占上海對外貿易之泰半然則南洋貿易之關係其重要可知矣南洋各地工業尚未發達故可爲上海工業品之尾閭同時南洋富於天產又可供中國製造上之原料與糧食之缺乏故南洋之貿易可以輔助吾國之發展與建設而爲中華民族不可缺之生命線吾國民族自明鄭和以後與南洋之往來日繁利其天產以赤手致富而歸者日多於是以安土重遷之民遂相率而圖南而南洋乃無形中成爲中國之殖民地今僑胞之衣食於斯者竟達七百餘萬人華僑勤勞果敢能執彼中貿易之牛耳故南洋之貿易亦可謂華僑之貿易南洋貿易之重要如斯顧未有剖析整理勒爲專書以餉國民者此誠著作界之憾事也潘仰堯先生在港編著「國貨與貿業」曾令余從事于南洋小叢書之編纂頗注意于南洋貿易之事稿成未半燬於兵火同事潘君又慫恿其同事單君岩基編著「南洋貿易論」單君霧鈔雪纂奮勉呈功聿觀厥成單君之書得申報之合作將出版於上海潘君惜余書之不能問世而不欲余之藏拙爰責余書數語以弁「南洋貿易論」余不文自愧爲之不勤而遇之多厄因略攄所懷以誌景仰之意云爾

中華民國三十二年八月

潘吟閣序於南洋貿易公司

# 林序

南洋羣島物產豐富著聞全球吾國僑商爲數甚多近十年來國貨廠商羣集目光於斯土推銷華產不遺餘力對南貿易數字可觀自太平洋戰事發生後日本以全力開發各島策動當地之資源增强經濟之發展最近更有舉辦對華物資交流之計劃時機成熟指日可行是南洋各島由於太平洋風波而激起之政治演變直未減少其對吾國之重要性彰彰明甚目前華中一帶正力謀工業之復興而統盤策劃之結論認爲原料缺乏爲最大癥結之一存料日枯新來不繼思之令人蹙額幸南洋羣島出產工業原料素稱富饒果能實現物資之交流以其所餘補吾所絀以吾所餘彌彼不足應由雙方商人直接貿易則各盡所能各饜所欲提高物資之效用改善生活之水準利人利己莫善於此

南洋羣島對於吾國經濟建設之進行既如此之重要則吾國朝野人士對於斯土之地理風俗人種語言以及政治經濟各端仍須予以密切之注意與精密之究研亦屬事勢所使然耳

覃君岩基新著「南洋貿易論」一書取材廣博分析詳明洵爲研究南洋問題書籍中最新之佳構出版有日問序於余用綴數言如右

林康侯謹序

中華民國三十二年六月十四日

# 李序

近世諸國莫不以拓展海外貿易爲主要經濟政策之一蓋海外貿易盛則國富民利也我國自海通以來商業漸興國人亦稍稍知海外貿易之重要尤以南洋環我國西南海隅梯航交通最便捷故國人僑居行紀其間歷有年所生聚日衆大賈末販咸有焉其有關於我國海外貿易之興衰斷絕非他國所可比擬此黨君岩基茲編之所由作歟綜其所言舉凡中國與南洋之物資產銷輸運程例經濟制度機構他國貿易之狀況與夫我國商務僑民之地位莫不根據實際情形條分縷析綱舉目張而且圖表明晰是誠足資我國工商家之探討抑亦足備學校師生之參考焉

中華民國三十二年六月二十日　李權時識

# 自序

南洋羣島地質肥沃產物豐饒向爲列強逐鹿之區國人之僑居南洋者雖歷史悠久人口繁多而大都旅於斯而樂於斯就地經營反賓爲主其知溝通中南貿易提倡推銷國貨者寥寥無幾年來吾國工業逐漸發展生產日衆其於貨品之外銷原料之輸入已屆迫切之時期而國人之有志於斯者往往對於南洋貿易一舉或感苦無門徑或僅知而不詳鄙人有鑒於此爰將拙著「南洋貿易論」一書出而問世曩者鄙人肄業滬江大學時吾師美籍教授畢義仕先生（Professor Beath）爲研究太平洋貿易專家著作至豐統計精審余對其所編講義至感興趣除潛心研究外更自精密調查日久微具心得戰前偶與潘君仰堯論及南洋貿易及經濟問題表示個人意見承潘君謬許並即囑從事編訂此書查所謂南洋羣島者疆域至廣包括菲律濱東印度馬來越南泰國緬甸婆羅洲砂嘮越汶來以及摩鹿加羣島新幾內亞帝汶島等而言鄙人著作之初每感資料缺乏且中外譯音不同名稱互異範圍既廣考訂爲艱爰就各國政府機關編製之報告各海關之月報年鑑及各國論述記載盡量分析採用以至最近者爲止其範圍既如是其廣且繁則掛一漏萬之愆固所難免初稿未完二一暨作虛纖以事變發生本編遂告中輟念七年潘君自西南考察歸又言及南洋貿易之重要急待有以提倡不容或緩勉予繼續完編並供給攜來關於南洋最近資料甚夥於是在潘君熱忱推動下於卅年冬完全脫稿前後補充修改達十餘次其中潘君之指正吳君守之孫君鳳翽之協助甚多於蒐集材料時多承各方面之供給補充併此誌感此書完成後預定即行出版又以太平洋戰事發生延宕年餘茲蒙申報館索閱原稿認爲尚有付印價值允爲出版發行尤爲感激

鄙人學識譾陋尙望海內明達之士有以教之付印倉卒魯魚亥豕在所難免尤希讀者予以指正幸甚

中華民國三十二年六月一日

芝陽單岩基謹識

# 大東亞戰爭日軍佔領南洋各地情形

卅年十二月八日日本對英美之宣戰大詔頒發、並於是日上午六時、日本大本營陸海軍部發表：「帝國陸海軍在西太平洋與英美軍進入戰時狀態、在戰爭發動之初、日本強襲夏威夷、馬尼拉、新加坡」等南洋各地、同時佔據中國各地之英美租界、茲將日軍佔領南洋各地之情形、分述如下：

（一）菲律濱羣島

卅年十二月八日日本陸海軍航空部隊、開始轟炸菲島各要衝、急襲菲島美方航空隊及主要飛機場、十日晨在呂宋島北岸阿帕里方面及西北海岸方面與高赫伽維岡附近等地登陸、十二日日軍又在呂宋島東南端之蘭加士不附近登陸、二十日晨佔領棉蘭姥島、此島在菲律濱羣島中爲僅次於呂宋之大島、又佔領納卯及韋克島、并將韋克島改稱大鳥島、廿二日日軍主力在馬尼剌北方二百公里之呂宋島西岸林家恩灣登陸、廿三日完全佔領棉蘭姥、廿四日至廿七日、日軍在其他各地相繼登陸、卅一年一月三日完全佔領馬尼剌、至卅一年五月上旬、日軍已將菲律濱羣島全部佔領、十二月二日日本大本營發表敉平菲島、

（二）東印度羣島

東印度羣島戰前爲荷蘭帝國之生命源流、日軍於卅一年一月十一日在荷屬婆羅洲東海岸之泰拉肯登陸、一月十六日轟炸蘇門答臘并佔領西里伯島北沛挪利古邦、一月廿五日完全佔領荅厘、一月

廿六日佔領大巽他羣島中之西里伯、並控制馬卡撒爾海峽、形成對東印度羣島與澳洲（澳大利亞）一大威脅、一月廿七日在西部婆羅洲登陸、一月廿九日佔領婆羅洲坤甸、二月六日開始進攻南部蘇門答臘、二月十日佔領婆羅洲馬辰、不出旬日、日軍已完全佔領蘇門答臘南部主要各地區、而爪哇亦即受到日軍之威脅、二月廿四日佔領蘇門答臘西岸要衝孟古粦、三月一日、日本陸軍部隊在海軍掩護下、在爪哇東部中部西部同時登陸、獲得重大收穫、至三月五日、東印度之首都巴達維亞遂即易幟、三月七日佔領泗水、三月八日東印度總督與聯軍長官無條件向日軍投降、至三月中旬荷屬婆羅洲已經全部佔領、四月十一日佔領巴打半島、至四月下旬摩鹿加羣島及新幾內亞西部與北半部敉平、東印度羣島方面之戰事、就此結束、並將爪哇改稱德嘉華、巴達維亞改稱瓜加邇達、荷屬婆羅洲改稱南婆羅洲、但爪哇及巴達維亞之二名稱、不久仍恢復原名、

（三）馬來

卅年十二月八日日軍開始向馬來半島登陸、並於新城、辛高拉、派德民登陸成功、首次空襲新加坡、且佔領可太巴爾飛機場、十二日佔領吉德拉、十三日佔領阿路士打、十七日佔領檳榔嶼、十八日佔領丁加奴、廿九日深夜起大炸新加坡、並佔領關丹、卅一年一月三日進佔新加坡北二百八十公里航空根據地之克阿恩泰、一月六日佔領康丕爾、十四日佔領金馬士、十五日佔領麻六甲、二十日佔領恩樓、廿三日佔領世界第一錫產地泰依濱、並渡過班拉河、廿八日進攻址拉克首都怡保、卅一日完全佔領新山、並攻陷柔佛巴哈爾、自十二月八日至此五十五日之間、日軍推進一千一百公里、於是在卅一年二月四日開始攻擊新加坡軍港、二月七日夜在新加坡東北之烏濱島登陸

二月八日夜開始對新加坡總攻、九日在新加坡前綫登陸、並於是日下午七時佔領頓加飛機場、十一日奪得布克台麥山、同時立即衝入新加坡港市、勸告英軍投降、十四日晨開始對新加坡市街作戰、同日即佔領新加坡塞來達軍港、卅一年二月十五日下午遂完全佔領新加坡、英軍無條件投降、卅一年二月十七日起新加坡遂改稱爲昭南島矣、

(四) 泰國

在大東亞戰爭之前、日泰關係、素稱友好、惟在戰爭前夕、英美加緊對泰國活動、闘將泰國作爲封鎖日本之環節、因此日軍在大東亞戰事發生時、於卅年十二月八日突然在盤谷登陸、和平進駐泰國、且取得與越南進攻馬來之根據地、並藉以隔絕馬來與緬甸陸上之交通聯繫、泰政府於卅年十二月十一日宣布日泰攻守同盟、至卅一年一月廿五日泰國政府又正式對英美兩國宣戰、關於政治與軍事上、使日本對南洋各地之戰略及政治、更可獲得有力之根據地也、

(五) 緬甸

卅年十二月十三日、日軍首次大舉空襲緬甸各空軍根據地、十四日即佔領維多利亞島、卅一年一月三日日軍進抵拉海恩、一月十七日佔領克拉地峽要衝緬甸所屬之太伏伊附近之重要陣地、一月十九日即進攻緬甸、並佔領達維奥、一月廿日日軍大轟炸緬甸第三都市毛淡棉、一月卅一日完全佔領毛淡棉、二月十日佔領馬打萬、三月三日對仰光開始總攻、三月八日完全佔領仰光、四月廿九日日軍突佔臘戍、五月一日佔領緬甸第二都市瓦城、五月三日進攻八莫、四日佔領阿基耶蒲飛機場　八日佔領敏德基那、十日佔領騰越、十五日佔領卡薩、從此緬甸不再爲印度之屛藩、於卅

3

一年八月一日、緬甸新政府成立矣、

（六）北婆羅洲砂勝越及汶來等處

婆羅洲爲世界第二大島、英屬佔全島七分之二、北部海岸爲石油產地、日軍於卅年十二月十六日在婆羅洲登陸、與香港、馬來及菲律濱互相呼應、控制整個南中國海、在婆羅洲、米里、羅敦、塞利亞各地登陸之日軍、經過一個月之血戰、至卅一年二月四日、英屬北婆羅洲砂勝越及汶來市遂完全被日軍佔領、並將英屬婆羅洲改稱北婆羅洲、

## 大東亞戰事發生後南洋地名更改一覽表

| 戰前名稱 | 新改名稱 | 卅一年更改日期 | 所根據之書報 | 宣佈機關 | 備考 |
|---|---|---|---|---|---|
| 英屬馬來亞 | 馬來 | 十二月九日 | 十二月十日申報 | 日閣議決定 | |
| 新加坡 | 昭南 | 二月十七日 | 二月廿一日申報 | 東京大本營發表 | |
| 爪哇 | 德嘉華 | 九月一日 | 九月一日新聞報 | 當地日本軍管理局宣佈 | 舊名恢復 |
| 巴達維亞 | 爪加邏達 | 十二月八日 | 十二月十二申報 | 日閣議決定 | 舊名恢復 |
| 彌斯德康納斯 | 德加丁納加拉 | 九月一日 | 九月一日新聞報 | 當地日本軍管理局宣佈 | 在爪加邏達之南舊名恢復 |
| 荷屬婆羅洲 | 南婆羅洲 | 十二月九日 | 十二月十日申報 | 日閣議決定 | |
| 英屬婆羅洲 | 北婆羅洲 | 同上 | 十二月十日申報 | 日閣議決定 | |
| 畢爾島 | 羽島 | 一月廿二日 | 一月廿四新申報 | 當地日軍定 | |
| 韋克島 | 大鳥島 | 同上 | 同上 | 當地日軍所定之臨時稱呼 | |
| 韋克本島 | 大鳥本島 | 同上 | 同上 | 當地日軍定 | |
| 威爾克斯本島 | 足島 | 同上 | 同上 | 當地日軍定 | |
| 馬爾庫斯島 | 南鳥島 | 同上 | 同上 | | 戰前日人所定 |

附：本表依自西至東之地位排序、表中地名皆係中文譯名、非其本名、卅一年六月九日日內閣議決組織「南方地名協議會」、研究南洋各地更改日文名稱事宜、諒今已改定者尙甚多、惟發表於我國報紙者、僅有上列十餘處、再卅一年五月廿八日申報載稱荷屬東印度羣島城市上之荷文名稱、均在改爲日本名稱、爪哇火車站之日本名稱，已用日本名稱代替矣、

經濟叢書

# 南洋貿易論目錄

頁數

## 第一章 總論



一

## 第三章　東印度羣島

## 第五章 越南……二七一

## 第六章　泰國

## 第十章　汶來……三八七

經濟叢書

# 南洋貿易論

## 第一章　總論

### 一、一般概況

早在十七世紀、歐洲人士、即注意於南洋羣島之開發、當時婆羅洲與蘇門答臘等、即被開發對外貿易最早之葡萄牙與西班牙兩國所占爲對東洋貿易之轉口地、然終因兩國海軍之實力、尚不足以作更進一步之擴張、而建設大海軍不遺餘力之荷蘭、則奮勇東下、故葡西兩國在南洋之勢力、遂漸爲荷蘭所驅逐、

荷蘭初先占據爪哇及蘇門答臘、一六〇二年以此兩地爲根據地、設立東印度公司、此後約半世紀間、以南洋爲根據地之東洋貿易、遂爲荷蘭所獨佔、但早在一六〇〇年、英國亦已開始經營印度、英之東印度公司、設立已久、企圖制覇東洋、不甘落荷蘭之後、故英荷在南洋遂起正面之衝突、然而勝利終歸强權、英國終於奪取荷蘭之優勢、

一六六四年、法國亦設立東印度公司、加入競奪東洋貿易之漩渦、荷蘭失敗後、成爲英國之勁敵、後因法政府改變政策、專以經營歐洲大陸爲主義、故直至十六世紀初葉、南洋市場、幾全歸英國獨占

十八世紀開始以來、各國爭殖民地戰、至爲激烈、法國既重新注意東洋、美德亦猛然前進、南洋

於是遂成爲列强爭奪之中心、一八九八年、美西戰爭之結果、美得勝利占據菲律濱和關島、一八八四年德國占奪新畿內亞北部一帶、進而占據麻紹爾、加羅林羣島、第一次歐戰結束、德屬悉以委任統治形式、劃歸日本、日本勢力、由是即參登南洋之舞台、

自一九二九年世界發生大恐慌以後、生產與消費之矛盾、益陷入不可調和之境地、所謂市場競爭戰、益如絃上之箭、一觸即發、南洋更難免被爭奪宰割之命運、且南洋不僅在經濟上言、係一廣大之消費市場與原料供給市場、從軍事上言、更有不能忽略之意義存在、太平洋之局勢愈急、而南洋之地位愈增加其重要性、最近各國均集中力量於南洋、重要原因、即在於此、

二、位置、面積、人口

此處所謂南洋、係指北緯二十度起至南緯十度、挾在印度洋與太平洋中間一帶地方、以各地言、則有東印度羣島、泰國、海峽殖民地、馬來聯邦、北婆羅洲、越南及葡屬新畿內亞、帝汶等、

從地圖觀之、越南、泰國與馬來、與中國及印度相接、形成亞細亞大陸之一部份、菲律濱之東、與新畿內亞之北、與舊德屬現歸日本統治之南洋羣島（日人稱爲內南洋）接近、南洋新畿內亞、與澳洲相對、西隔印度洋、與阿非利加大陸遙遙相望、

以主權觀之、除泰國爲獨立國外、其餘均爲英、美、日、荷、葡五國之屬地或保護地、且均位於赤道線下、或與赤道線相近、爲熱帶地區、熱帶所有天然產物、應有盡有、堪稱地球上資源最豐富之域、

茲將各地面積、及人口、列舉如次：

## 南洋各地之面積

| 國別 | 地方別 | 面積（平方公里） | 百分率% |
|---|---|---|---|
| 菲律賓及關島 | | 二九六、二九四 | 七・七 |
| 東印度羣島 | | 一、八九九、七五一 | 四九・三 |
| | 爪哇及馬都拉 | 一三二、二七四 | |
| | 蘇門答臘 | 四七一、五五一 | |
| | 婆羅洲 | 五三三、八三八 | |
| | 西里伯 | 一八九、五三六 | |
| | 新幾內亞 | 四九八、四五五 | |
| | 帝汶 | 六三、五五一 | |
| | 峇厘龍目 | 一〇、五四六 | |
| 馬來 | | 一三六、二三六 | 三・七 |
| | 海峽殖民地 | 四、一四三 | |
| | 馬來聯邦 | 七一、六〇六 | |
| | 馬來屬邦 | 六〇、四八七 | |
| 北婆羅洲 | | 七五、八五六 | 二・〇 |
| 砂勞越 | | 一二四、〇三七 | 三・三 |
| 汶來 | | 六、四七五 | 〇・二 |
| 越南 | | 七〇四、四〇〇 | 一九・五 |
| 泰國 | | 五一八、一六二 | 一三・七 |
| 葡屬帝汶 | | 一八、九八九 | 〇・六 |

## 南洋各地之人口及密度

| 國別 | 地方別 | 人口 | 每平方公里密度 |
|---|---|---|---|
| 菲律濱及關島 | | 一四、七三一、三七一 | 五〇・〇 |
| 東印度羣島 | | 六〇、七三一、〇二五 | 三二・〇 |
| | 爪哇及馬都拉 | 四一、七一九、五二四 | 三一四・五 |
| | 蘇門答臘 | 八、二五四、八四三 | 一七・五 |
| | 婆羅洲 | 二、一九四、五三三 | 四・一 |
| | 西里伯 | 四、二二六、五八六 | 二三・三 |
| | 新幾內亞 | 八九三、〇三〇 | 一・八 |
| | 帝汶 | 一、六五六、六三六 | 二六・一 |
| | 峇厘龍目 | 一、八〇二、一四六 | 一七〇・九 |
| 馬來 | | 四、三八五、一一五 | 三一・九 |
| | 海峽殖民地 | 一、一六八、八六〇 | 二八二・九 |
| | 馬來聯邦 | 一、七二二、九四一 | 二八・四 |
| | 馬來屬邦 | 一、四九三、三一四 | 二四・一 |
| 北婆羅洲 | | 二六九、九六九 | 三・六 |
| 砂越 | | 六〇〇、〇〇〇 | 四・八 |
| 汶來 | | 三〇、一三五 | 四・六 |
| 越南 | | 二三、〇三〇、〇〇〇 | 二七・三 |
| 泰國 | | 一一、五〇六、二〇七 | 二二・二 |
| 葡屬帝汶 | | 四五一、六〇四 | 一三・七 |

全體面積、約共三百七十餘萬平方公里、人口共一億一千餘萬人、人口密度、每平方公里約二十九人、其中如馬都拉、及海峽殖民地、人口密度頗稠、但由全體觀之、仍極稀薄、僅達印度三分之一、且印度西北一帶多沙漠、雨量甚少、較之南洋、實不啻天淵之別、其次南洋到處均有蔚蒼之森林、未開墾土地、約占全面積百分之七十、將來能容納廣大之移民、自可斷言、

### 三、風俗及文化

在南洋兩字總稱下之地域、實際上至爲廣袤、而且交通多爲海洋所遮斷、故各地之文化、風俗、恒發生極大之差異、當然、同爲熱帶、所謂常夏之國、地理上之共同、因而氣候等、多有類似、而文化、風俗、在某程度之下、亦自有共通之處、茲分述如次、

越南　一八六二年西貢條約、歸法統治、面積七十萬零四千餘平方公里、人口二千三百零三萬人、其中多係土人、法人視此地爲「南洋之珠玉」、在法國經濟集團中、爲最有價値之寶庫、沿湄公河流域、爲米穀豐饒之產地、交趾支那、柬埔寨等處多僧侶、寺院、到處佈滿托鉢僧、大有「僧國」之觀、每寺院最少有僧尼二百五十名、每日均誦彫刻在椰子葉上之經詞、一般言之、文化程度極低、老撾土人之結婚、柬埔寨之舞樂等、均帶有原始之色彩、據云居於柬埔寨內地之土人、尙有尾巴、惟近海岸各處、文化較高、

泰國　南洋唯一之獨立王國、西界印度、東接越南、爲英法兩勢力之緩衝地帶、獨立國之存在、亦因此而得維持、面積五十一萬八千餘平方公里、人口一千一百五十餘萬人、迄至一九三七年人口總數增爲一千四百四十餘萬人、華僑及華泰合種者居半數以上、宗教觀念甚深、國民幾全部信奉佛教、

國王每年春秋兩季、亦定期赴寺院拜祀、國民最少須過數月僧侶生活、始能育修養、女子與男子同樣剪髮、男子腰間多圍漂亮之絲帶、每日有固定之顏色、視其顏色、可以知其星期日數、湄南河有水上市之稱、年輕姑娘、終夜划舟唱歌、風景良佳、而曼谷復有東洋之威尼斯之稱、沿河一帶、沃饒遍野、每年輸出米穀約一千二百萬噸、約值一億數千萬圓、

馬來　合昭南島、檳榔嶼、柔佛及其他各地、面積十三萬六千餘平方公里、人口四百三十八萬餘人、英國對南洋之殖民政策、較法、荷略爲高明、殖民地內居民之複雜、不在泰國越南之下、而仍能保持社會之秩序、其各都市之佈置、產業之開發、交通、衛生之設備、均較他處進步、土民中沙蓋、西曼兩族、文化程度極低、住深地、營原始之狩獵生活、時與華僑作物物交換、此外尚有民族十二三種、其中所謂馬來人者、身矮、有僥倖心、性懶惰、居民大多數篤信回教、朝夕祈禱、星期五、則禮拜五次，一生以能至麥加爲最大光榮、

爪哇　爪哇前爲荷蘭之寶庫、面積僅十三萬平方公里、占東印度羣島全體十分之一、但其栽培面積約八千公里、人口達四千一百七十一萬餘人、每平方公里密度爲三一四·五人、爲世界上人口稠密有名之地、全島多火山性之山岳、地多丘陵、內地斜面適於植茶、咖啡、平原則宜於砂糖、烟草、古昔受印度佛教洗禮、美術、佛跡、現仍留存各處，自回教輸入後，萬衆景從、佛教遂被驅逐、土人中有馬來系之黑人、貌似日人、本島採取荷蘭國法與本地習慣法之混合立法、文化完全歐化、鐵路、汽車路均甚完備、教育機關亦極發達、幾與歐洲文明國無異、

蘇門答臘　位於南洋羣島最西端、早與印度、阿拉伯交通、與歐洲亦往來頗早、因地勢與人口之

關係、文化比較落後、四十七萬平方公里面積中、人口僅八百二十五萬餘人、密度僅一七・五人、人種有峇答、亞齊、麥南、加坡爾、巴斯馬等雜居、白人極少、峇答族信回教、階級制度極嚴格、絕對禁止貴族與奴隸結婚、亞齊族嗜鴉片、性懶惰、亦信回教、麥南、加坡爾族善製刀劍、男女關係極嚴緊、以母系為中心、巴斯馬族、人極秀麗、

婆羅洲　面積五十三萬三千餘平方公里、人口二百十餘萬、島之中央、岩石嵯峨、形成高原、周圍則有廣大之森林、沼澤、三角洲等、遠在葡人發見以前、據云便有馬來及其他移民二百萬居此、馬來人之外、最多者為台克族、此族現仍營原始生活、善狩獵、服裝近裸體、結婚、居處等、幾與原始時代無異、

西里伯　西里伯與婆羅洲同為蕃風最盛之區、面積十九萬平方公里、人口四百廿二萬餘人、密度為二二・三人、高山脈橫斷島之中央、東西交通極不便、武吉士、米拿沙、特蘭耶及其他數族、聚居於此、其中以湄那哈薩族為南洋土人中最進步之種族、多數當教員官吏等、特蘭耶族與台克人同為狩獵蕃族、男女長髮、身圍腰帶、一見驚人、

菲律濱　菲律濱羣島係由大小七千餘島嶼合成、面積達二十九萬平方公里、人口一千四百七十餘萬人、其中之丹洛克、畢寨、依洛加納、彪爾、巴巴加、馬加斯南等族、信基督教、約占總人口百分之九十、其他少數種族則信回教、本島土人為南洋羣島中最有教養、且最近代化者、言語共有七十餘種、惟西班牙語、英語流通最廣、前者達一百萬人、後者達十五萬人、全島有小學五十、中學七十、大學及專門學校三十四所、教育事業、堪稱發達、

因受美國影響、有重女輕男之風、有西班牙之血統關係、鬬牛公然盛行、現已開始準備獨立、惟正式獨立、尚待時日耳、

## 四、產業

南洋羣島爲有名之農業地帶、輸出多食料品、原料品、輸入多工業品、島內產物、幾全爲農產物、

最近礦產、已惹世界人士莫大之注意、例如泰國及馬來之錫、東印度羣島之煤炭、南婆羅洲之鐵、煤油等、開發範圍與產額、現雖極少、但將來之希望、實無限量、

茲將南洋羣島生產之主要商品列下：

食料品：咖啡、茶、可可亞、米、胡椒、甘蔗、

原料品：橡膠、蔴、可可椰子、煙草、棉花、

礦產品：煤炭、煤油、錫、鐵、金、銀等、

### (甲) 原料品出產

南洋羣島所生產之原料品、有上述橡膠、蔴、可可椰子、油椰子、烟草、棉花等、此類生產品之分布、大體如次：

越南：棉花等、

泰國：棉花、烟草等、

馬來：橡膠等、

北婆羅洲：橡膠、可可椰子、油椰子、蔴等、

砂嘮越：橡膠、可可椰子、油椰子等、

菲律賓：煙草、蔴、可可椰子、油椰子、橡膠等、

蘇門答臘：油椰子、橡膠、烟草等、

爪哇：橡膠、可可椰子等、

西里伯：橡膠、可可椰子等、

橡膠之生產地、幾遍於全南洋、其次爲可可椰子、再其次爲大蔴等、以下再就重要商品及普通商品之生產狀態、略爲說明、

橡膠　橡膠爲重要原料生產品中最重要之商品、橡膠在工業原料上、近幾年來其重要性日見增加、但世界之需要、百分之九十、皆爲南洋羣島所獨占、在第一次歐戰前、曾經一時壟斷市場之巴西、南美及非洲等地之天然橡膠、現已大半沒落、世界市場上、幾乎絕其蹤跡、

種植面積——據最近調查、世界栽培橡膠之面積、有八百〇四萬五千海克脫（Hectare）、其中南洋羣島占七百九十五萬八千海克脫、竟占百分之九十以上、在南洋羣島中、又以馬來產量最多、其次則爲東印度羣島、北婆羅洲等處、就英國而言、除馬來及北婆羅洲之外，南有錫蘭、砂嘮越等屬地、亦有相當產量、故世界橡膠總生產量之百分之六十至七十、皆爲英國所有、

橡膠在南洋各地皆有生產、其生產量占全世界總產量百分之九十以上、實爲南洋首屈一指之農產物也、

南洋及世界橡膠栽種面積與生產量表（一）單位：面積——萬平方米　產量——噸

| 國別 | 一九三一年 栽種面積 | 一九三一年 生產量 | 一九三二年 栽種面積 | 一九三二年 生產量 | 一九三三年 栽種面積 | 一九三三年 生產量 |
|---|---|---|---|---|---|---|
| 馬來 | 一、二四一、七五四 | 四三四、八五七 | 一、二六五、六三六 | 四一七、一三七 | 一、二六六、二二八 | 四五九、八三六 |
| 東印度 | 一、三一四、六一六 | 二五七、二三三 | 一、三一六、六三六 | 二一一、三九五 | 一、三一六、六三六 | 二八六、三三三 |
| 越南 | 一二五、六四四 | 一一、〇〇〇 | 一二〇、〇〇〇 | 一七、六〇七 | 一二五、六四四 | 一八、六八七 |
| 砂勞越 | 一〇七、〇三五 | 一〇、四〇〇 | 一〇七、〇三五 | 七、一〇〇 | 一〇七、〇三五 | 一一、一〇〇 |
| 泰國 | 六〇、六〇〇 | 三、六〇〇 | 六〇、〇〇〇 | 三、〇〇〇 | 六〇、〇〇〇 | 六、六五七 |
| 北婆羅洲 | 四五、七二五 | 六、二〇〇 | 四五、九三一 | 五、四〇〇 | 五八、五四一 | 七、八〇〇 |
| 南洋計 | 二、八九五、三六四 | 七二三、二六〇 | 二、九〇五、二二八 | 六六一、六三九 | 二、九三四、〇六四 | 七八六、四〇三 |
| 錫蘭、印度及緬甸 | 三六五、七〇一 | 七三、八〇〇 | 三六七、二二一 | 五四、二〇〇 | 三六九、一五八 | 七〇、三三四 |
| 世界總計 | 三、二六一、〇六五 | 七九六、〇八〇 | 三、二七二、四二九 | 七一五、八三九 | 三、三〇三、二二二 | 八五六、七三七 |
| 南洋對世界之百分比 | 八八 | 九二 | 八八 | 九二 | 八八 | 九二 |

南洋及世界橡膠栽種面積與生產量表（二） 單位：面積——萬平方米 產量——噸

| 國別 | 一九三四年 | | 一九三五年 | | 一九三六年 | |
|---|---|---|---|---|---|---|
| | 栽種面積 | 生產量 | 栽種面積 | 生產量 | 栽種面積 | 生產量 |
| 馬來 | 一、三二六、〇二一 | 四七九、三六九 | 一、三九〇、七二三 | 三七八、三八一 | — | 三五九、〇〇〇 |
| 東印度 | 一、三一六、六三六 | 三七九、四二六 | 一、三一六、六三六 | 二七五、四三九 | — | 三一五、〇〇〇 |
| 越南 | 一二五、九三八 | 二〇、四五三 | 一二五、九八七 | 三一、四九〇 | — | 四一、〇〇〇 |
| 砂勝越 | 一〇七、〇三五 | 一七、七〇八 | 八五、二〇九 | 一九、四六五 | — | 二〇、〇〇〇 |
| 泰國 | 六〇、〇〇〇 | 一七、六六二 | 一三、三〇〇 | 二五、七〇〇 | — | 三五、〇〇〇 |
| 北婆羅洲 | 五一、一六五 | 一一、〇八六 | 五一、一六五 | 八、八八五 | — | 一〇、〇〇〇 |
| 南洋計 | 二、九八六、七七三 | 九二五、七〇四 | 二、九九〇、九一七 | 七三九、三六〇 | — | 七八〇、〇〇〇 |
| 錫蘭、印度及緬甸 | 三七五、七六七 | 九一、一六七 | — | 六八、〇七〇 | — | 八九、〇〇〇 |
| 世界總計 | 三、三六二、五四〇 | 一、〇一六、八七一 | — | 八〇七、八三〇 | — | 八六九、〇〇〇 |
| 南洋對世界之百分比 | 八八 | 九一 | — | 九一 | — | 九〇 |

以上所述者、祇限於人工栽種之橡膠、此外尚有土人小規模經營之橡膠園、大半由馬來屬之吉蘭丹、馬六甲、巴特巴、諸地開始種植、而散佈於砂朥越、北婆羅洲、汶來各地、其栽種方法均極幼稚、並無一定之方式、普通均在河岸及道旁、闢一小面積、緊密種植其中、故其產量不惟無一定、且出產甚少、據推算約可生產四十五萬英噸、但現在竟祇有半數以下之狀態云、

蔴　南洋羣島所生產之蔴、以非律濱之馬尼刺所產者占世界第一位、此外在全島中尚產有硬質纖維、然而一般人所說之蔴、大概均係指馬尼刺蔴而言、其次爲沙克沙爾蔴、在南洋羣島中、此種蔴之生產、以東印度爲中心地、至於世界之主要生產地、則爲中美之墨西哥及阿非利加兩地、世界總生產量中、東印度占百分之三二・七、中美墨西哥占百分之三二・四、阿非利加占百分之三四・八、故東印度實占第二位、

可可椰子　椰子是南洋羣島之代表產物、所以祇要言及椰子、幾無人不連想到南洋、南洋羣島之生產量、佔全世界總生產量半數以上、一九三三年之統計、可可椰子在全世界之種植面積、爲二百八十七萬一千海克脫、總生產量爲二百八十七萬一千英噸、南洋羣島中以東印度占第一位、非律濱占第二位、馬來占第三位、

油椰子　油椰子亦可可椰子之一種、以東印度、馬來、非律濱等地產量最多、然主要產地、仍爲東印度及馬來兩地、

油椰子在東印度之栽培、以蘇門答臘爲最盛、目下占世界油椰子生產量第一位者、雖爲阿非利加、然因蘇門答臘油椰子之品質較爲優良、故含油率較其他爲大、且榨油方法較爲進步、故兩者在輸出

市場之競爭上、仍以蘇門答臘產品占爲上風、因阿非利加之生產量逐年減少、而蘇門答臘則逐年增加、故阿非利加頗受莫大之打擊、

馬來之栽培油椰子、較蘇門答臘爲遲、然因發展甚速、故雖僅廿年之歷史、已有農園三十二個、種植面積亦有六萬三千七百海克脫之多、因而生產量亦隨而大有增加、

南洋各地椰子栽培面積表　單位——萬平方米

| 國別 | 一九三三年 | 一九三四年 | 一九三五年 | 一九三六年 | 一九三七年 |
|---|---|---|---|---|---|
| 菲律濱 | 六〇〇、一〇〇 | 六〇八、二〇〇 | 六〇八、三六〇 | 六三一、九八〇 | — |
| 越南 | 不明 | 二一、〇三〇 | 二二、四五〇 | — | — |
| 泰國 | 五七、五六四 | — | — | — | — |
| 馬來 | 二五七、三一四 | 二四六、七二一 | 二四五、七四四 | 六〇八、七八三（英畝 | — |
| 砂朥越 | 八、四八四 | 八、四八四 | 八、四八四 | — | — |
| 北婆羅洲 | 二一、六九七 | 不明 | 二〇、八〇六 | — | — |
| 東印度 | 不明 | 不明 | 不明 | — | — |

## 南洋及世界椰子輸出量表　單位——公噸　據國際聯合會統計

| 國別 | 一九三三年 | 一九三四年 | 一九三五年 | 一九三六年 | 一九三七年 |
|---|---|---|---|---|---|
| 菲律濱 | 五六二、一〇〇 | 五七二、一〇〇 | 五〇九、二〇〇 | 二九一、〇八七、七三〇千克 | 二三六、五四三、五六六千克 |
| 越南 | 七、四〇〇 | 五、二〇〇 | 一二、二〇〇 | — | — |
| 馬來 | 一四〇、四〇〇 | 一三八、二〇〇 | 一七一、五〇〇 | 七六、六八一 | — |
| 北婆羅洲 | 一二、一〇〇 | 九、四〇〇 | 一〇、七〇〇 | — | — |
| 東印度 | 四九六、九〇〇 | 四一七、二〇〇 | 四八七、五〇〇 | 五一五、五〇〇 | 四九七、二三八 |
| 南洋計 | 一、二一八、九〇〇 | 一、一四二、一〇〇 | 一、一九一、一〇〇 | — | — |
| 錫蘭 | 一五〇、九〇〇 | 三九、八〇〇 | 一三七、八〇〇 | — | — |
| 大洋洲 | 一八四、三〇〇 | 一七九、三〇〇 | 一九二、〇〇〇 | — | — |
| 非洲 | 六〇、五〇〇 | 六四、〇〇〇 | 六四、〇〇〇 | — | — |
| 美洲 | 一四、八〇〇 | 一一、二〇〇 | 一〇、〇〇〇 | — | — |
| 荷屬印度 | 一〇〇 | 一、〇〇〇 | 七〇〇 | — | — |
| 帝汶 | 五〇〇 | 二〇〇 | 六〇〇 | — | — |
| 世界總計 | 一、六三〇、〇〇〇 | 一、六一八、〇〇〇 | 一、五九六、〇〇〇 | — | — |
| 南洋對世界之百分比 | 七四 | 七一 | 七五 | — | — |

烟草　烟草世界各處皆有栽培、尤以南洋羣島、堪稱世界烟草主要之生產地、他如馬尼剌及蘇門答臘之煙草、亦皆馳名世界、在南洋羣島中、以東印度及菲律濱兩地生產最富、玆將南洋之栽培生產狀況、與世界之比較列表如下：

南洋及世界烟草栽種面積及產額表　單位：面積——萬平米　產額——公噸

| 國別 | 一九三三年 | | 一九三四年 | | 一九三五年 | |
|---|---|---|---|---|---|---|
| | 栽種面積 | 生產量 | 栽種面積 | 生產量 | 栽種面積 | 生產量 |
| 菲律濱 | 七五、〇〇〇 | 四一、八〇〇 | 四五、〇〇〇 | 三三、七〇〇 | 六二、〇〇〇 | 二八、六〇〇 |
| 越南 | 一五、〇〇〇 | 一四、〇〇〇 | 一五、〇〇〇 | 一四、一〇〇 | 一四、〇〇〇 | 一四、六〇〇 |
| 泰國 | 一四、〇〇〇 | 一〇、二〇〇 | 一四、〇〇〇 | 九、二〇〇 | 八、〇〇〇 | 七、九〇〇 |
| 北婆羅洲 | 一三一三 | 三〇〇 | 一一三六 | 一〇〇 | — | 一〇〇 |
| 東印度 | 一六八、三〇七 | 五一、二九三 | 二〇五、一二〇 | 五八、三一五 | 一八二、〇〇〇 | 五二、五〇〇 |
| 南洋計 | 二七三、六二〇 | 一一七、五九三 | 二八〇、二五六 | 一一五、四一五 | 二六六、〇〇〇 | 一〇三、七〇〇 |
| 世界總計 | 二、一六〇、〇〇〇 | 二、〇二八、〇〇〇 | 一、九五〇、〇〇〇 | 一、八六六、〇〇〇 | 二、一四〇、〇〇〇 | 二、〇九五、〇〇〇 |
| 南洋對世界百分比 | 一三 | 六 | 一四 | 六 | 一二 | 五 |

棉花　南洋羣島之棉花產地以越南爲中心、東印度及泰國雖有栽培、但數量不多、規模亦小、以世界主要棉花產生地而言、南洋羣島不過極少部份、此乃地理及風土關係、故有待於今後之開發也、

(乙) 食料品生產

南洋羣島中之食料品生產、以咖啡、茶、可可亞、米、胡椒、砂糖等爲主、其生產情形、大概如次：

越　南　　米、胡椒等、
泰　國　　米等、
馬　來　　米、茶、咖啡等、
北婆羅洲　茶、咖啡、胡椒等、
砂嘮越　　茶、咖啡、胡椒等、
菲律濱　　米、砂糖、咖啡、胡椒等、
蘇門答臘　胡椒、咖啡、茶等、
爪　哇　　砂糖、咖啡、茶、胡椒等、
南婆羅洲　砂糖、咖啡、茶、胡椒等、
西里伯　　咖啡、茶、胡椒等、
新畿內亞　咖啡、茶、胡椒等、

米　米爲亞細亞人之日常食品、實生活上最重要之營養物、因之南洋各地之米作面積、超過其他一切作物、其在南洋之出產額中、占食料生產品中之第一位、其間以越南爲大量生產地、其次爲東印度、再次爲泰國、惟中以菲律濱及東印度所產之米、皆不足供本地之用、現有餘額輸出者、爲越南及泰國兩處而已、茲將南洋及世界之稻作面積與產額列表於後：

南洋及世界稻作面積及米產額表　單位　面積——萬平方米　產額——公噸

| 國別 | 一九三三—三四年 栽種面積 | 一九三三—三四年 生產額 | 一九三四—三五年 栽種面積 | 一九三四—三五年 生產額 | 一九三五—三六年 栽種面積 | 一九三五—三六年 生產額 |
|---|---|---|---|---|---|---|
| 非律濱 | 二、〇〇四、〇〇〇 | 二、三三二、一〇〇 | 一、九六四、〇〇〇 | 二、〇一六、三〇〇 | 二、〇〇四、〇〇〇 | 一、三二五、〇〇〇 |
| 越南 | 五、三七八、〇〇〇 | 五、八二五、〇〇〇 | 五、三三二、〇〇〇 | 五、二六七、〇〇〇 | 五、三九三、〇〇〇 | 六、二四六、六〇〇 |
| 泰國 | 三、〇一四、〇〇〇 | 五、〇〇七、七〇〇 | 二、九三三、〇〇〇 | 四、五九七、八〇〇 | 三、〇一三、〇〇〇 | 四、七二七、〇〇〇 |
| 馬來 | 三一〇、〇〇〇 | 五三六、五〇〇 | 二九七、〇〇〇 | 五二〇、二〇〇 | 二九三、〇〇〇 | 五三七、五〇〇 |
| 砂朥越 | 二五五、〇〇〇 | 一四二、二〇〇 | 二四三、〇〇〇 | 一四三、二〇〇 | — | — |
| 北婆羅洲 | 三二、〇〇〇 | 五一、二〇〇 | 三一、〇〇〇 | 一九、四〇〇 | 三二、〇〇〇 | — |
| 東印度 | 三、七三〇、〇〇〇 | 五、二二四、四〇〇 | 三、七八三、〇〇〇 | 五、七五八、八〇〇 | 三、八七二、〇〇〇 | 五、七四七、六〇〇 |
| 南洋計 | 一四、七二三、〇〇〇 | 一九、一八二、一〇〇 | 一四、五八三、〇〇〇 | 一八、三四一、七〇〇 | 一四、六〇七、〇〇〇 | 一八、五八三、七〇〇 |
| 世界總計 | 五七、九〇〇、〇〇〇 | 九一、〇七〇、〇〇〇 | 五七、七〇〇、〇〇〇 | 八五、八二〇、〇〇〇 | 五七、九〇〇、〇〇〇 | 八五、一〇〇、〇〇〇 |
| 南洋對世界之百分比 | 二五 | 二一 | 二五 | 二一 | 二五 | 二二 |

**砂糖**　砂糖在南洋羣島中僅次於橡膠之主要生產品、其主要產地、爲東印度、爪哇、馬都拉、菲律濱、越南、栽種甘蔗之面積、合計四十七萬一千海克脫、砂糖生產量爲三千六百七十五萬六千公斤

、對世界之比例、爲面積百分之一二・一、生產量百分之九・一、

爪哇、馬都拉、爲南洋羣島中生產砂糖之中心地、有甘蔗園一八〇處、占面積十六萬六千海克脫、每年生產糖約二億二千三百六十餘萬擔、約佔南洋總生產量百分之六九・八

咖啡及茶　南洋羣島之咖啡生產量、現仍不多、主要產地爲東印度、馬都拉等地、馬來及菲律濱雖亦有生產、但較之爪哇、僅爲數極少、馬都拉之咖啡生產量爲一千八百三十餘萬擔、占世界總生產量第三位（巴西第一、哥倫比亞第二）、

茶在中國、日本、南洋、印度、錫蘭及非洲等處皆有栽種、在南洋羣島中以東印度產量最多、世界主要生產地爲印度、東印度、及日本等地、年可生產四億四千二百五十五萬六千餘公斤、其中東印度占百分之一八・七、日本占百分之十、南洋羣島每年輸出額最大者、當推東印度、茲將各表列後：

南洋及世界茶輸出量比較表　單位——公噸

| 國別 | 一九三一年 | 一九三二年 | 一九三三年 | 一九三四年 | 一九三五年 |
| --- | --- | --- | --- | --- | --- |
| 越南 | 五八七 | 六一九 | 六七〇 | 一、二六四 | 一、一六八 |
| 馬來 | 三〇四 | 二四〇 | 二四〇 | 三〇九 | 四三八 |
| 東印度 | 七八、七四二 | 七八、七六三 | 七一、八七四 | 六四、二三九 | 六五、六四〇 |
| 南洋計 | 七九、六三三 | 七九、六二二 | 七二、七八四 | 六五、八一二 | 六七、二四六 |
| 世界總計 | 四五八、一八九 | 四六四、一五二 | 四二九、六三七 | 四三五、七四〇 | 四三二、八六五 |
| 南洋對世界之百分比 | 一七 | 一七 | 一六 | 一五 | 一五 |

**南洋及世界種茶面積及產額表**　單位：面積——萬平方米　產額——公噸

| 國別 | 一九三三年 栽種面積 | 一九三三年 生產額 | 一九三四年 栽種面積 | 一九三四年 生產額 | 一九三五年 栽種面積 | 一九三五年 生產額 |
|---|---|---|---|---|---|---|
| 越南（1） | 四、〇〇〇 | 八、八三〇 | 四、〇〇〇 | 八、四五四 | 五、〇〇〇 | 一一、七三〇 |
| 馬來 | 一、〇〇〇 | 八六 | 一、〇〇〇 | 一五五 | —— | 二八六 |
| 東印度 | 一八四、〇〇〇 | 七五、二九二 | 一九七、〇〇〇 | 七一、二九三 | 一九八、〇〇〇 | 七一、三六〇 |
| 南洋計 | 一八九、〇〇〇 | 八四、二〇八 | 二〇二、〇〇〇 | 七九、九〇二 | 二〇三、〇〇〇 | 八三、三七六 |
| 世界總計 | 八四五、〇〇〇 | 四一三、四〇〇 | 九一〇、〇〇〇 | 四二二、三〇〇 | 九一〇、〇〇〇 | 四二四、〇〇〇 |
| 南洋對世界之百分比 | 二二 | 二〇 | 二二 | 一九 | 二二 | 二〇 |

註：（1）栽種面積中僅東京一部份、安南及交趾支那不在內、

可可亞及胡椒　可可亞在南洋羣島之產地、以非律濱爲最多、其次爲爪哇、再次爲蘇門答臘、此數處地方每年產量約二百六十七萬七千公斤、然在世界主要生產地、仍祇占少量而已、據一九三四年之總計、世界可可亞之主要生產地阿非利加黃金海岸、南美巴西、及阿非利加象牙海岸等地之總生產量、竟達三百九十三萬八千擔、占世界生產量百分之六三・七以上、故南洋及其他各地之產量、僅占百分之三六・三而已、

南洋及世界咖啡栽種面積及生產額表　單位：面積——萬平方米　生產額——公噸　據國際農業統計

| 國別 | 一九三三—三四年 栽種面積 | 一九三三—三四年 生產額 | 一九三四—三五年 栽種面積 | 一九三四—三五年 生產額 | 一九三五—三六年 栽種面積 | 一九三五—三六年 生產額 |
|---|---|---|---|---|---|---|
| 非律濱 | 一、〇〇〇 | 一、〇〇〇 | 二、〇〇〇 | 七〇〇 | — | — |
| 越南 | 一〇、〇〇〇 | 一、九〇〇 | 七、〇〇〇 | 一、九〇〇 | 七、〇〇〇 | 二、〇〇〇 |
| 馬來 | 八、〇〇〇 | 不明 | 七、〇〇〇 | 不明 | 七、〇〇〇 | 不明 |
| 東印度 | 一二、五〇〇 | 一〇六、四〇〇 | 一二、三〇〇 | 一一三、一〇〇 | 一二、〇〇〇 | 一一〇、九〇〇 |
| 葡屬帝汶 | 不明 | 一、〇〇〇 | 不明 | 一、〇〇〇 | 不明 | 一、二〇〇 |
| 南洋計 | 三一、五〇〇 | 一一〇、三〇〇 | 二九、三〇〇 | 一一六、七〇〇 | 二六、〇〇〇 | 一一五、〇〇〇 |
| 中美 | — | 二五五、〇〇〇 | — | 二五七、〇〇〇 | — | 三一一、〇〇〇 |
| 南美 | — | 二、〇九〇、一九六 | — | 一、九六五、〇〇〇 | — | 一、四〇九、〇〇〇 |
| 非洲 | — | 九七、〇〇〇 | — | 一一〇、〇〇〇 | — | 一一三、〇〇〇 |
| 大洋洲 | — | 五、六〇〇 | — | 五、〇〇〇 | — | 六、〇〇〇 |
| 亞典、錫蘭、印度 | — | 二〇、〇〇〇 | — | 一九、一〇〇 | — | — |
| 世界總計 | — | 二、五七八、〇〇〇 | — | 二、四七三、〇〇〇 | — | 一、九七三、〇〇〇 |
| 南洋對世界之百分比 | — | 四・二% | — | 四・七% | — | 五・八% |

惟南洋之可可亞生產品、品質較爲優良、尤以爪哇地方、向被世界誇贊爲最優良品、錫蘭之生產品、亦保持世界最高市價、約當其他產地之二倍半價值、爲製造巧格力糖及可可亞粉最上等之原料、故各地對其需要、亦逐年增加、

胡椒爲南洋土人不可缺少之食料品之一、到處均有栽培、除土人自用外、尙有多量之輸出品、由此亦可稍知其產量之大、現將其輸出入量列表於下、以便參考：

南洋羣島之胡椒輸出入量表

| 地名 | 輸出 | 輸入（擔） | （＋）出超（－）入超 |
|---|---|---|---|
| 菲律濱 | — | 一、〇七四 | — |
| 東印度 | 三五六、一二四 | — | （＋）三五六、一二四 |
| 馬來 | 一六五、七九九 | 一七九、八七〇 | （－）一四、〇七一 |
| 北婆羅洲 | 一、七五四 | 二、二四一 | （－）四八七 |
| 砂勝越 | 四三、九五二 | — | （＋）四三、九五二 |
| 越南 | 三一、三四五 | 三 | （＋）三一、三四二 |
| 泰國 | 六、三七二 | — | （＋）六、三七二 |

（丙）礦物出產

南洋之礦產物、有煤炭、煤油、錫、鐵等、其他如金、銀等、雖亦有出產、但數量規模均甚小、茲將此處之煤油、煤炭、錫等、略述如後：

煤油　煤油在南洋羣島中、仍以東印度產量最多、其次爲砂勝越、兩地年可出產五千二百二十萬八千公噸、此外南婆羅洲、及北婆羅洲等地、亦有多少生產、然產量甚少、今後如加開發、價值必大增加、

煤油資源最豐富者、爲素推美洲、僅美國一國、約占世界煤油產量百分之六十、如再加算委內瑞拉、墨西哥、哥倫比亞、秘魯等國、實占百分之八十、此外之主要產地如蘇聯、波斯、羅馬尼亞、印

度、砂勝越等地、

但南洋羣島所產之煤油、幾乎全部輸出、日本即全賴美國及南洋之供給、由此煤油之生產、更增加南洋在世界爭奪戰之激烈化、茲將此等地方及世界之生產額、列表於後：

南洋及世界煤油產額表　單位——公噸

| 國別 | 一九三二年 | 一九三三年 | 一九三四年 | 一九三五年 | 一九三六年 |
|---|---|---|---|---|---|
| 砂勝越及汶來 | 四五〇、000 | 六二一、000 | 六六〇、000 | 七〇七、000 | 六六〇、000 |
| 東印度 | 五、〇九五、000 | 五、五一七、000 | 六、〇四三、000 | 六、〇六二、000 | 六、三四七、000 |
| 南洋計 | 五、五四五、000 | 六、一三八、000 | 六、七〇三、000 | 六、七六九、000 | 七、〇〇七、000 |
| 南洋以外之亞洲 | 八、二一〇、000 | 八、七四九、000 | 一〇、二三二、000 | 一三、〇〇六、000 | 一四、六六八、000 |
| 亞洲計 | 一三、七五五、000 | 一四、八八七、000 | 一六、九三五、000 | 一九、七七五、000 | 二一、六七五、000 |
| 非洲計 | 二七〇、000 | 二三〇、000 | 二三二、000 | 一八二、000 | 一八三、000 |
| 北美 | 一〇七、七七六、000 | 一三三、六七九、000 | 一三五、一〇五、000 | 一三五、〇九四、000 | 一四八、八九七、000 |
| 中美 | 六、三六七、000 | 六、四三二、000 | 七、三〇〇、000 | 七、六一五、000 | 七、八八八、000 |
| 南美 | 三三、八〇五、000 | 三五、〇八四、000 | 三六、九四一、000 | 三九、〇〇二、000 | 四〇、三七〇 |
| 俄國 | 二二、四一三、000 | 二二、四八九、000 | 二四、二二八、000 | 二五、二四〇、000 | 二七、四三六、000 |
| 歐洲 | 八、二五五、000 | 八、二九三、000 | 九、四四一、000 | 九、四四六、000 | 九、七五〇、000 |
| 世界總計 | 一八〇、五四一、000 | 一九七、一〇三、000 | 二〇八、〇六一、000 | 二三六、三七四、000 | 二四六、三六九、000 |
| 南洋對世界之百分比 | 三 | 三 | 三 | 三 | 三 |

錫　南洋羣島之礦產物、以錫爲最多、不僅產量鉅大、且爲世界著名之錫礦、共主要生產地之馬

來、東印度、泰國等地、竟占世界錫礦之大半數、尤以馬來、爲世界第一之錫製煉國、由東印度、泰國、印度、南非等地輸入錫礦、加以製煉後、再輸出至歐美各國、近年來每年平均輸出約四萬二三千噸、世界市場完全在其支配之下、現將南洋羣島及世界之錫產額列表如下：

南洋及世界錫產額表　單位：公噸　據國聯統計

| 國別 | 越南 | 馬來 | 東印度 | 南洋計 | 中國及日本 | 亞洲計 | 歐洲 | 澳洲 | 世界總計 | 南洋對世界之百分比 |
|---|---|---|---|---|---|---|---|---|---|---|
| 一九三一年 | 一〇〇 | 八八、九〇〇 | 一三、〇〇〇 | 一〇二、〇〇〇 | 六、九〇〇 | 一〇八、九〇〇 | 四四、一〇〇 | 一、七〇〇 | 一五四、七〇〇 | 六六 |
| 一九三二年 | — | 五〇、七〇〇 | 八、〇〇〇 | 五八、七〇〇 | 八、五〇〇 | 六七、二〇〇 | 三六、〇〇〇 | 二、〇〇〇 | 一〇五、二〇〇 | 五六 |
| 一九三三年 | — | 四七、七〇〇 | 八、九〇〇 | 五六、六〇〇 | 九、四〇〇 | 六六、〇〇〇 | 二八、四〇〇 | 二、四〇〇 | 九六、八〇〇 | 五八 |
| 一九三四年 | — | 五〇、四〇〇 | 一〇、七〇〇 | 六一、一〇〇 | 九、二〇〇 | 七〇、三〇〇 | 四六、〇〇〇 | 二、四〇〇 | 一一八、七〇〇 | 五一 |
| 一九三五年 | — | 六一、五〇〇 | 一一、四〇〇 | 七二、九〇〇 | 一二、〇〇〇 | 八四、九〇〇 | 五二、三〇〇 | 二、九〇〇 | 一四〇、一〇〇 | 五二 |
| 一九三六年 | — | 八六、〇〇〇 | 一三、四〇〇 | 九九、四〇〇 | 一一、五〇〇 | 一一三、〇〇〇 | 六三、〇〇〇 | 不明 | 一七九、〇〇〇 | 五六 |

**煤炭**　南洋群島之煤炭生產量、現在已開發部份、僅能自供自給、但因南洋地方、較其他工業國、煤炭消費量極少（除錫製煉國馬來外）、故雖貢自供自給、爲數甚少、其產量較其他國家、自更少數、菲律濱及馬來、因消費稍大、遂非特輸入不足應用、泰國及東印度完全自供自給、惟越南一處、有百分之六・七四輸出量、現將南洋及世界之煤炭生產額、列表如下：

南洋及世界煤炭產額表　單位：公噸

| 國別 | 一九三一年 | 一九三三年 | 一九三四年 | 一九三五年 | 一九三六年 |
|---|---|---|---|---|---|
| 菲律濱 | 一八、六六八 | 一五、六六八 | — | — | — |
| 越南 | 一、七二六、〇〇〇 | 一、五九一、〇〇〇 | 一、五九二、〇〇〇 | 一、七七五、〇〇〇 | 二、〇七〇、〇〇〇 |
| 馬來 | 四〇二、三五五 | 二三四、三一〇 | 三三一、四六一 | 三七七、四四一 | 五〇二、八二三 |
| 東印度 | 一、四〇四、四〇四 | 一、〇三五、二三一 | 一、〇二一、九二四 | 一、一一〇、九五三 | 一、一四七、一九六 |
| 南洋計 | 三、五五一、四二七 | 二、八七六、二〇九 | 二、九四五、三八五 | 三、二六三、三九四 | 三、七二〇、〇一九 |
| 世界總計 | 一、〇七九、八〇〇、〇〇〇 | 一、〇〇七、七〇〇、〇〇〇 | 一、一〇五、一〇〇、〇〇〇 | 一、一三九、七〇〇、〇〇〇 | 一、二四〇、〇〇〇、〇〇〇 |
| 南洋對世界百分比 | 〇・三三 | 〇・二九 | 〇・二七 | 〇・二九 | 〇・三〇 |

## 五、貿易

世界產業與貿易、以第一次歐戰爲分界、在分佈上有極大之變化、從來集中在歐洲之世界貿易、遽起變動、美洲及東南洋諸島、均有驚人發展、並且促進太平洋爲貿易之中心舞台、

在此種情形下、南洋羣島在世界貿易上之地位、亦漸趨重要化、不僅因各島之主要生產品、均爲最重要原料之農產與礦產物、可爲世界工業國之原料供給地、而愈加其重要性、實因世界工業出產品輸出對象已瀕於絕路、爲開拓新販賣市場、所謂爭奪市場戰、遂亦集中於南洋各島、南洋羣島之貿易、在此情形下、發生何等變化、下面特敘其一斑、

### （甲）各國在南洋貿易上所佔之地位

世界主要工業國在南洋羣島貿易上、占重要位置者爲英、美、日、德、其次爲法、荷、意國等、此外尚有印度、中國、澳洲三國、其與南洋貿易關係之重要、不僅與法、荷、意處同等地位、且有過之、但與工業國之專輸出商品、而輸入原料品及食品、在性質上、略有所不同、

英國在第一次歐戰前約占東南洋貿易百分之三十二之地位、尤其是輸出、竟占全部三分之一、迨戰後、美日兩國一躍而超越之、自一九〇二年以後三十年間、各國在南洋地方所占地位、英國佔百分之二一、美國佔百分之一七、日本占百分之九・二、德國占百分之六・四、輸出方面、英國佔百分之一八・五、美國爲一三・九、日本爲八・八、德國四・九、可見英國自一九二九年以來、逐年減少、反之、而日、美、德三國則逐年增加、尤以日本之地位、輸出入均有長足之進步、一九三二年雖因匯兌貶價、減爲九・九、若以平價換算、實占百分之一七・六、已淩駕於英國之上、

各國在東南洋貿易中、如此變化、另一方面、東南洋貿易在世界貿易上所占地位、亦愈增高、其在各國對外貿易中、亦愈增加其重要性、

詳言之、各國對東南洋貿易在其總貿易額中所占地位、在日本輸出爲百分之五一・七、輸入爲百分之四一・五、英國輸出爲二五・六、輸入爲二四・三、美國輸出爲二〇・四、輸入爲二七・七、德國輸出爲七・四、輸入爲一五、法國輸出爲七、輸入爲九・七、荷蘭輸出爲八・六、輸入爲七・八、意大利輸出爲八・四、輸入爲一〇・八、各國連年雖均有增加、但從絕對額言、均不若日本、在輸出入上增加之顯著、且東南洋對各國輸出雖增加、而輸入反減、故各國對東南洋之貿易關係、一般均處於入超地位、惟日本獨能保持出超之勝利、

以上因統計上之便利、將東洋部分包含在内、苟就南洋一處言、上項狀態、亦無絲毫之變化、玆將世界主要國對東印度、馬來、非律濱、泰國等地之輸出入狀況、列表如後、以資參考：

輸出　（單位百萬圓）

| | 日本 | 英國 | 美國 | 德國 | 法國 |
|---|---|---|---|---|---|
| 東印度 | 一〇〇・三（五六・五） | 三三・六（二四・二） | 一五・七 | 二〇・八 | 三・一 |
| 馬來 | 二五・五（一四・四） | 五五・八（四〇・二） | 五・〇 | 三・三 | 〇・八 |
| 非律濱 | 二二・四（八・六） | 六・八（四・九） | 九〇・三 | 五・四 | 一・〇 |
| 泰國 | 八・六（四・八） | 二・一（八・〇） | 一・四 | 二・〇 | 〇・五 |
| 其他 | 二・四（一・四） | 二七・八（二〇・〇） | 四・四五 | 一・四 | 三七・四 |
| 合計 | 一五九・二（八五・七） | 一二六・一（九七・三） | 一一六・九 | 三二・九 | 四二・八 |

（單位百萬圓）

| 輸入 | 日本 | 英國 | 美國 | 德國 | 法國 |
|---|---|---|---|---|---|
| 東印度 | 四〇・四（二二・七） | 六四・三（四六・三） | 五九・八 | 五八・四 | 二一・八 |
| 馬來 | 二五・三（一四・二） | 六三・九（四六・〇） | 六九・八 | 六・三 | 七・七 |
| 菲律濱 | 九・八（五・五） | 六・八（四・九） | 一六二・三 | 二・七 | 二・三 |
| 泰國 | 一一・二（六・三） | 〇・五（〇・四） | 〇・一 | 一・五 | 〇・二 |
| 其他 | 九・三（五・二） | 一〇六・〇（七七・〇） | 一二・〇 | 五・七 | 三三・二 |

（註）括弧內之數字爲匯兌低落率之全額、

（乙）南洋爲世界主要國之競爭市場

南洋之輸入、大部分爲製成品、而有資格在此市場作激烈競爭者、當爲各主要工業國、輸出南洋最多者、爲英、美、日、德等國、以商品言、英國爲棉製品、鐵、鋼材及鋼製品、機械類、車輛類、化學工業品、羊毛製品等、美國爲棉花、原油、小麥、麵粉、煤油及其製品、機械類、車輛類、鋼鐵及其製品等、日本爲棉製品、絲織品、紙類、機械類、鞋等、德國爲化學工業品、鋼鐵及其製品、機械類電氣器具等、意大利爲絲及人造絲等、

以下爲各國主要商品輸出南洋市場之競爭狀況：

**棉紗** 南洋既爲世界之棉製品市場、在棉業國之英、日、中等國自有特殊之意義、世界主要之棉

紗生產國輸往南洋之棉紗數量、在第一次歐戰前英國佔首位、次爲日本、及至第一次歐戰後則日本躍居首位 英國爲次、再次爲中國、

棉布 南洋爲世界上棉布之重要市場、自不待言、英國直至一九二九年、大部分棉布、均在南洋推銷、第一次歐戰後雖比戰前、大爲減色、然仍在此方占絕對之優勝地位、一九二九年後、因世界不景氣之深刻化、一般購買力驚人的低下、更受後進日本品之打擊、遂使英貨、益陷入不利之境、自一九三一年至近數年以來、英國棉布輸出南洋、其數量及總額、均讓日本占第一位、而自身則不能不退居第二位、但英國仍在南洋棉布市場占有相當勢力、至於其他棉布輸出國、輸往南洋之部分、占其總輸出額、不過少許而已、荷蘭之輸出、雖屬大部分亦以南洋爲對象、但所占區域、僅有東印度一帶、其他南洋羣島、均在英日勢力範圍以內、

其他棉織物 棉紗、棉布以外之棉製品、英國仍較日本及其他諸國占優勢、例如棉線、英貨幾占南洋總輸入一半以上、但除此外、棉織物之南洋市場、日本實與英國以無限之威脅與打擊、

絲、人造絲及其製品 人造絲紗對南洋之輸出、意大利以往均占第一位、其次爲德、日、英、法等、最近數年來、日本在此方有顯著之發展、殊堪注意、日本在一九二九年、輸出僅二千圓、一九三二年一躍而增爲二萬三千圓、只四年間、竟增十餘倍、而近年來其增加之數字、更爲可觀、

絲及人造絲織物對南洋之輸出、日本實居第一位、日本在一九二九年、輸出僅二千一百三十八萬八千圓、至一九三二年增爲二千一百七十九萬七千圓、在同時期、英國則自三十萬零五千九百鎊、減爲七萬一千五百鎊、他如法、德、意等、輸出數量、爲數均不多、

至於羊毛及其製品、南洋銷路、尚不甚發達云、

**化學製品**　世界生產化學製品最盛者、第一爲德國、其次爲美、英、法等、但至最近、日本驚人發展、大有威脅上舉先進國之勢、且輸出南洋之先進國均逐年減少而日本反逐年增加、玆列表如次：

| | 一九二九年份 | 一九三二年份 |
|---|---|---|
| 日本（千圓） | 二、八三六 | 三、二四〇 |
| 德國（百萬馬克） | 三五・八 | 一七・二二 |
| 英國（千鎊） | 一、三五三 | 七六四・四 |
| 美國（千美金） | 七、一五一 | 二、七三九 |
| 法國（百萬法郎） | 五六・五 | 四六・五 |

**鋼鐵及其製品**　世界代表之鋼鐵生產國、爲美、德、法、英、日及蘇聯等、輸出方面、除美國蘇聯外、均占相當數字、南洋市場、亦幾爲此四國所包辦、一九三一年以後、尤以日本進步最速、

**機械類**　至於機械類之輸出、世界上以美、德、英、法四國競爭最烈、日本之輸出量、至今仍極少數、輸出南洋、占第一位者爲美國、其次爲德、英、法等、

**其他**　除上舉商品外、尚有其他商品、例如電氣器具、車輛類、玻璃類、陶器品類、橡膠製品、帽子、玩具、及其他雜貨等、此種商品對南洋之輸出、以日本占第一位、所謂先進各國、均落於日本之後、

六、交通、海運

（甲）海港與海運

南洋主要商埠、爲西貢、昭南、檳榔嶼、巴達維亞、三寶瓏、泗水、望加錫及馬尼剌等、

西貢爲商軍兼用港、且爲法國東洋航路、歐洲航路、大阪商船之南洋航路及其他船舶停泊處、每年約有一千五百艘船舶出入其中、實爲越南之大門、

昭南位於馬來半島南端、而爲一約佔二百方里之島嶼都會、出入船舶、年約一千萬噸、貿易額十四億叻幣以上、前爲英國主要港口、

檳榔嶼爲馬來半島、英國最初之屬地、

泗水爲爪哇第一開港場、爲至西里伯、婆羅洲、新幾內亞、澳洲等內外航行之中心、亦爲日本在南洋貿易上最重要之港口、三寶瓏爲爪哇北岸中部之一港、亦爲中部爪哇物產之集散地、

望加錫爲西里伯島之首都、西里伯、摩鹿加、新幾內亞等羣島、及東部婆羅洲等地之物產集散地、

玆將戰前各國在南洋之主要航路、列舉如次：

大阪商船（定期、每月一次）：航路　橫濱—名古屋—神戶—門司—基隆—馬尼剌—撈卯—泗水—望加錫—撈卯—香港—高雄—基隆—橫濱、

南洋郵船（每月二次、十五日、一日、從神戶起程）：航路　與前同、

爪哇中國線（荷蘭船）：航路　與前同、

KPM汽船公司（荷蘭船）：航路（一）巴達維亞—昭南、（二）泗水—昭南、（三）泗水—望加錫、（四）泗水—馬辰、

經過昭南之航路（平均每週一次）

橫濱—昭南（各國輪船）、

日本郵船往歐洲之航路、阿非利加航路、印度航路以及大阪商船往南美之航路、以及其他英、美、法、德等輪船、均在昭南寄港、

（乙）航空

曾在南洋獲得廣大殖民地之歐洲各國、因其經濟之重要性、不惜耗費金錢而努力建設從本國至屬地之航空路、故近年來南洋之空中、遂呈極繁忙之狀態、英國至印度之航空路、荷蘭與東印度之航空路、均已隨法國至越南之航空路而完成、美國亦有到火奴魯魯、中途島、關島、馬尼剌、廣東等地之太平洋定期航空線、因此刺戟、南洋各地之航空、漸次發達、今後各國在此方空中之經濟戰、當然益趨尖銳化與白熱化、現將戰前已有之航空路線略述於次：

英國　在南洋方面持有廣大之殖民地及經濟利益之英國、早已努力建設本國至殖民地之航空綫、一九二九年倫敦至德里間定期航空即已開始、至三三年更延長至加爾各答及仰光等地、三四年竟抵昭南、現已完成倫敦至昭南間八千六百四十六哩、橫跨十三國、如次所示、一週往復之定期大航空線：

倫敦—巴黎—開義羅—白克達—喀利蚩—德里—加爾各答—仰光—曼谷—昭南、

因有此航空路、遂將從前倫敦至昭南間、需廿四日之行程、縮為十日、英國更因此種關係、固取

日本在南洋地理上所占之優勝地位、

荷蘭　自荷蘭本國之亞姆斯特丹至爪哇之巴達維亞間、一週往復之定期航空運送、開始於一九三一年、全航路長九千哩、而且在本國屬地之飛行、不過數十哩、其他均在外國屬地上、得到外國之飛行場、氣象測驗所、無線電等莫大之援助、其主要寄航地如次：

亞姆斯特丹—來比錫—布達佩斯—雅典—開羅—白克達—喀利蚩—佐德浦爾—加爾各答—仰光—曼谷—埃羅士打—棉蘭—巴達維亞、

法國　巴黎至西貢間之航空路、是一九三〇年開始者、資本金二千二百萬法郎、其航路爲：

巴黎—馬賽—雅典—白克達—喀利蚩—佐德浦爾—加爾各答—仰光—曼谷—西貢、

美國　美國第一有中美合辦之中國航空公司、自上海至菲律賓間及香港—火奴魯魯—馬尼剌—香港等二線、現更努力完成自美國至夏威夷—南洋—中國及亞細亞等地出入之航空聯絡線、曾經幾次之試驗飛行、現已獲到成功、

至於南洋方面其他之航空線、戰前以東印度爲最早、於一九二八年即創設荷屬東印度航空公司、所定航線爲巴達維亞—萬隆間（每日往返二次）、巴達維亞—三寶壟—泗水間、巴達維亞—巨港—昭南間（每日往返一次）、以上均以巴達維亞爲起點、四線全長二千哩、爲有數之定期航空營業、泰國則有泰國航空公司、於一九三一年開始設立、自高拉—龍愛—科加孜—拿公普諾姆、全長五百哩、每週往復二次、並進行以飛船經舊金山—火奴魯魯—馬尼剌—英國—澳洲—荷蘭—東印度三國之航空路、各國本國與殖民地航空聯絡、戰前競爭頗烈、

## 七、各地概況

在前吾人對於南洋羣島一般概況、已作相當之說明、然對於各地概括情形、似尤有未能一目了然之慽、茲爲便利閱者起見、再以各重要地域爲單位、簡約分述於後、既可明瞭南洋羣島重要地域之輪廓、當非無意義也、

### （甲）菲律濱羣島

獨立經過　美國統治菲律濱羣島之中心方針、與其謂之開發產業、無寧謂爲教育土人、自一八九八年美國占據菲島以後、不惜犧牲重大資金、派遣多數宣教師來此、先後成立學校、自小學至大學約共五千一百〇四所、然普及教育之結果、民智大開、要求獨立之聲勢亦隨之增大、而美國國內主張民治者、亦頗不乏人、故於一九一六年制定菲律濱自治法、除外交、軍事外、其他一切、悉歸菲島人民自治、一九二一年、共和黨握美國政權、大有推翻民主黨此項承認菲律濱獨立議案之趨勢、後因經濟事態、發生變動、國內輿論多數贊成菲律濱獨立、一九三二年四月遂在下院通過卡汀克法案、十二月又通過於上院、但胡佛總統、拒絕簽字、由是獨立法案、頓生挫折、翌年、一九三三年、上下兩院再議決總統拒絕簽字無效、於是美國承認菲律濱獨立一案更形具體化矣、

但該法案（卡汀克）、尚不能使菲島議會滿意、一九三三年決議「礙難承認」、重要原因、爲卡汀克案、在美國撤退主權之期間內、美菲貿易關係之不公平、美國干涉過大、美軍仍駐島內以及期間過長等等、奎松等爲此特赴華盛頓運動、結果、始於一九三四年三月十九日下院、二十二日上院、先後通過麥克塔菲之修正案、二十四日得羅斯福簽字、五月一日菲島議會亦決議承認以下列三點爲基礎

之修正案、獨立法案至是遂告正式成立、

（一）在十年或十二年內、許可非律濱獨立、

（二）獨立後、美國即撤廢陸軍根據地、

（三）海軍根據、雖獨立、亦得繼續維持、

此外規定獨立後兩年、美總統得與非政府開始交涉上述問題、他如制定非島憲法、非島新政府之組織方法、供給軍事上使用之土地及財產處分法、獨立後美國與其他各國訂立條約之方法、美非貿易、移民、歸化等問題、均有詳細之規定、準備獨立政府、應選產生、奎松被選為第一任總統、惟將來正式獨立、是否能滿意實行、則祗有待事實證明也、

面積、人口、地勢　非律濱羣島為七千餘大小島嶼而合成、其中最大者、為呂宋、民答那峨、三描、巴撈溫、班乃、棉蘭著、禮智、尼格羅及宿務等、面積共二十九萬六千平方公里、約當美國廿六分之一、人口一千四百七十餘萬、其中百分之九〇為非律濱人、其餘則為混血種、阿格里特族、居留外僑、據官方統計、共約九萬人、華僑最多、但據我方統計、在非華僑、達二十萬人、多從事經商、其次為日僑、美僑、西班牙、英僑等、

羣島全體屬火山系、非島最高峯、為民答那峨之阿波山、島嶼大部分為火成巖所成、河川較少、各地土質肥沃、最有名之沃野、為北呂宋之卡陽、中呂宋之達拉克、民答那峨之可達、尼格羅之尼格羅等、但島民對此沃野、仍未能盡開發之能事、千古未加斧鉞之深林、現仍占總面積百分之七、

氣候　島內氣候、雖不能作一概論、但可分為三期、即（一）雨季、（二）乾燥冷涼期、（三）

乾燥炎熱期、第一期自六月至十月、第二期十月至二月、第三期三月至五月、

氣溫平均華氏七九・三八度、最高亦不出九十度、因四時有冷風、故無炎熱之苦、衛生設備頗完整、居住極安全、

交通　都市以及地方交通、道路極便、一九二七年、即有道路一萬一千三百八十八公里、至一九三六年時增爲一六、七四三・九仟米、

鐵路以馬尼剌爲中心、有馬尼剌鐵路、怡朗及宿務爲中心等鐵路、長共達一千二百七十公里、至一九三六年時增爲一、三九五・三七九仟米、其中屬馬尼剌鐵道公司者爲一、一八三・三七九仟米、屬非律濱鐵道公司者二一二仟米、

汽車因得免稅輸入、且汽油價廉、爲一般人所樂用、一九三六年車輛總數達四六、二九三輛、

海上航運、在非島寄港之外國航路、主要者有太平洋橫斷航路、歐洲航路、澳洲航路、夏威夷航路、太平洋航路、紐約航路、世界一週航路及中國航路等、航行輪船、英國占四成、美國二成、日本一成六、運輸貨物、則美國名最多、

群島間往來船舶、政府制有航海法、限歸本國船獨占、不准外國經營、

本島對外貿易、恒居出超、輸出約三億二千萬披索、輸入約二億三千萬披索、貿易主要國、美占第一、日本次之、我國對非貿易、年來雖稍進步、然尚不足與人比較、

主要都市　非島有重要都市六處：

馬尼剌——非島文化、政治、商業之中心地、人口約三十萬人、在地理上爲溝通世界各港之中心

點、歐洲各國來遠東者、莫不經過此處、爲太平洋交通要衝、

碧瑤——在北呂宋、距馬尼剌一百六十七哩、爲菲島第一高山都市、適於養病及避暑、人口僅六千人、每年夏季增至一萬五六千人、

怡朗——爲怡朗島首都、人口六萬、輸出多砂糖、木材、

宿務——位宿務島東岸、距馬尼剌三百六十八哩、爲羣島中第二良港、人口約八萬、

三寶顏——民答那峨第一都會、人口三萬三千、爲民答那峨及斯爾諸島之集散地、附近木材、林產最豐富、

納卯——在民答那峨島南部、臨阿波山麓秀麗之海灣、爲本地蔴及椰子之集散地、人口約一萬五千人、

產業　菲島產業發達過程、尚未脫原料國之階段、農業仍居主要產業地位、次爲纖維工業、林業、鑛業、畜牧、水產等、茲分述如下：

農業　島內有耕地面積三百七十一萬二千七百海克脫、占全面積百分之一二·五、未墾地九百萬海克脫、企業幾均由外人經營、農產物主要者爲米、甘蔗、蔴、烟草、玉蜀黍等、種稻面積約一百八十萬海克脫、米穀收穫額約二百五十萬四千美噸、價達二億四百餘萬披索、種蔗面積約二十五萬海克脫、產額約五十五萬美噸、價達八千一百萬披索、種蔴面積達四十八萬海克脫、產額約十八萬二千美噸、値達六千一百十六萬披索、他如烟草、玉蜀黍等均負世界盛名、

林業　爲島內次於農業之主要產業、近年製材業大振、採伐較繁、森林地帶面積約一千六百萬海

克脫、占全面積百分之五四、其中百分之九爲官有林、林材年產約一百萬立方米突、

畜產業　島內到處有繁茂之牧草、畜牧之自然條件極富、惟傳染病甚厲、政府之努力消滅、如見功效、前途大有可觀、

水產業　菲島雖水產條件極好、惟斯業仍極幼稚、每年輸入魚類達四百萬披索、當局現正力圖發展中、

製造工業　僅略有製糖、製油、烟草、洋火、製網、製帽、酒精、貝鈕等、其中祇製糖略發達、烟草有輸出能力、餘均不足道、

產業及關稅政策　菲島與南洋其他羣島不同、禁止華工入口、惟准日人自由入國、故日人勢力、頗爲雄厚、但自一九一九年制定現行公有地法後、外人大受限制、據新法之規定、領受耕地、有如次三點之限制：

一、菲島人或美國人、每人不能超過百英畝、

二、凡合股經營之公司性質、其股份之六成應屬於菲人或美人、每公司得領一千零二十四英畝以下、

三、在該國內承認菲島人有領受公有地之權利者、對該國人民、經菲島議會認可、每人亦得准其領百英畝以下、

他如鑛業、林業、漁業等、實際上均有相當限制、

至於關稅制度、美菲間與菲關（島）間、往來無稅、對其他外國貨、則課以輸入稅、但除菲島自

產之煙草、砂糖外、所課數額、爲數均極小、平均約百分之二五、輸出無稅、惟一律每千公斤徵收棧稅一美元（煤炭、木材、洋灰除外）、

貨幣以墨西哥披索爲標準、一九〇三年後改行金滙兌制度、以披索爲單位、

貿易　非島之貿易、雖爲南洋中工業最發達之地方、然實際上尚未脫農業之領域、熱帶之農產品、似爲非島經濟之生命線、故非島之輸出品、農產品竟占百分之九〇、但生產方面、却表現相當之畸形、輸出品中、砂糖、椰子油、蔴、椰乾、烟草等、約占百分之八〇以上、而米反不敷非島需要、非靠輸入不可、

非島雖爲南洋工業較發達之地、但除製油、烟草、水門汀、製網、製帽、刺繡等工業外、餘均幼稚、至於加工完製之棉布、機械類等、仍全部仰給輸入、如以輸出入商品所占成分言、輸出品中、砂糖占百分之六〇、烟草百分之七、蔴百分之五・二六、木材百分之〇・九、椰子及其製品百分之一四・四、網具百分之〇・七、刺繡百分之三、可知農產品佔最大多數、輸入商品中、食料品占百分之二〇・三、原料品之煤炭占百分之〇・九、煤油占百分之八・四、棉製品占百分之二七・三、化學品占百分之二・六、金屬及其製品占百分之一九・七、但近年來各項輸出貨物之百分率、互有升降、參差不一、可知最大部份爲工業品、

與各國之貿易關係、美國占第一位、自一九一三年十月美國實行關稅法以後、非美間之關稅、即行撤消、貿易關係、愈趨密切、一九三二年、非島輸出入總數、美國已居百分之七六・六、其他各國僅占其剩餘之百分之三〇弱而已、自一九三三年至一九三七年間、美國在非島之貿易仍居首位、日本

則恒居第二位、英國、德國・中國等次之、

乙）東印度

地勢、面積　東印度羣島是包含大巽他羣島、小巽他羣島、摩鹿加羣島及東經一百四十一度之新畿內亞等而成之大羣島、廣袤達一百九十萬平方公里、較荷蘭本國大六十倍、人口約六千餘萬、華僑居此達一、二三三、九〇〇人、營業範圍極普遍、舉凡碩莪、黃梨、錫、橡膠、椰乾、椰油、烟草以及各種勞働工作、華人皆居重要地位、

荷蘭女王曾派總督駐於爪哇之巴達維亞、統治上二分之一為爪哇及馬都拉、其他為外領、兩者間之土地制度與關稅制度、均不相同、

東印度羣島之地勢、大體觀之、除婆羅洲島、新畿內亞島外、餘皆為火山地帶、新畿內亞山脈、尤有許多高峯、山頂四時積雪、

爪哇及西里伯有河流、惟地形短促、舟筏不便、在蘇門答臘、婆羅洲之河流、尚適於航行、為島內交通要道、

土地法　以土地國有為原則、不准土人以外享所有權、此點完全為尊重土人對土地之私有觀念、即荷蘭人亦不能例外、

但以經營農業為目的者、得有利用土地之土地權、有永久租地、農業租地、普通租地三種、現在一般所行者、即為第一種、

戰前東印度永久租地享有之資格、限制（一）荷蘭國民、（二）在荷蘭之住民、（三）東印度之

住民、戶（四）在荷蘭與東印度所設立之商業公司、據此、外國人當亦有領租資格、惟以入國十年、經繳過入口稅者爲限、

農業租地、現僅蘇門答臘東海岸若干自治領中、繼續實行、全體有漸趨消滅之傾向、

普通租地、係給與有土地之土司、土人、借地耕作之一種、租地人資格、與第一種相同、

鑛、漁業法　戰前東印度各種產業、均對外人開放、惟鑛產則例外、設有鑛產法及鑛業會、非得政府准可、無掘鑛之自由、一九一八年、更將鑛物分爲AB兩種、燃料類之鑛產屬於A種、不受任何限制、煤炭、煤油、瀝青及可燃性瓦斯者屬B種、歸國家所有、私人不得採掘、

關於漁業、則一九二八年有沿岸漁業會之發布、外人非得准許、不能出漁、至於申請資格、只限於在東印度有永久居住者、否則絕無申請權、

官營及專賣　戰前東印度官營及專賣事業、頗爲發達、例如鹽及鴉片、屬於專賣、橡膠林、官有林、錳鑛、煤炭、港務局、浚滌、電氣事業、印刷局、郵電、鐵路、汽車、當店等則屬於官營、上項兩事業、每年收益、約達三億盾、然尚不敷應用、財政上收支、年仍差一億五千餘萬盾、於是惟有增加關稅及雜稅等、以資彌補、

主要產業　東印度之工鑛漁等業、戰前均極發達、惟仍不及農業、政廳之財政、都市之生活、以及輸出入貿易、均莫不以農業爲背景、一若不懂農業便無法理解東印度者、

東印度產業之發達、殆係白人企業與土人農業之兩重主力、前者之主要產物、爲砂糖、橡膠、咖啡、茶、烟草、金鷄納霜、可可亞、椰子、生果、肉荳蔻、煤油、煤炭、鐵等、後者爲米、橡膠、玉

驪黍、落花生、大豆等、前者專以輸出爲目的、後者專供內地消費、惟近亦注意於輸出、據調查一八八八年東印度總輸出價額百分之八九爲白人企業、土人農業僅占百分之一一、一九一三年增至百分之二四・五、一九二九年增至百分之三六・五、近年來受白人之刺激、力圖改進、逐有增加、發展極速云、

農產地面積、可分爲土人耕地及外國人之農園租借地、前者達一千餘萬海克脫、後者達四百餘萬海克脫、

外資　戰前在東印度之外資、以投於砂糖、橡膠、咖啡、茶、烟草、椰乾、油椰子等業爲最高、全額達三十億餘盾、其中荷蘭占第一位、其次爲英、德、法、美、日等、

貿易　東印度之貿易、近年來發展至速、輸出入均能在世界市場上占相當地位、而在南洋則已確立其爲最大市場矣、惟近年以戰事關係、貿易情形、略見萎縮、

輸出商品多砂糖、橡膠、煤油、椰乾、茶、烟草、錫、咖啡、蔴、椰子油、木材等、輸入商品多食料品、陶瓷器、藥品等、

東印度、因土地肥沃、農、林、鑛等原料、甲於全球、糖、橡膠、咖啡、椰乾、胡椒、錫、煤油等、均爲世界有名產物、至於工業品、則幾全部靠輸入、殖民地之貿易原素、本爲如此、誠不足奇也、

重要島嶼　所謂東印度羣島者、係指爪哇、蘇門答臘、婆羅洲、西里伯、新畿內亞而言、茲將上述各地戰前情形、略述如次：

爪哇島　爪哇加入同一行政系統之馬都拉、總面積共十三萬一千六百十一平方公里、人口四千一百七十一萬七千餘人、密度達二六六人、人口之稠密、爲世界屈指之地、惟人口不如其他南洋地方、集中於大都市、而集中於小都市、且因土地肥沃、氣候溫和、勞力豐富等、自然及社會條件之完備、故各業發達程度、遠在其他各地以上、

住民大部分爲爪哇族及異他族、開化最早、惟居內地者尙形落後、一夫有多妻之風、言語以馬來語爲最通行、信奉回敎、近年來有追於權勢、而改信基督敎者、但大多數仍爲回敎徒、

主要都市、有巴達維亞、泗水、三寶壟、萬隆、梭羅、日惹等、

巴達維亞——爲東印度首都、同時亦爲西部爪哇首府、人口達五十四萬人、除一角爲市街外、餘均爲住宅區域、絕無殖民地都市之惡態、且風景絕佳、古跡甚多、華僑居此特衆、

泗水——爲次於巴達維亞之第二大都市、人口約三十六萬七千人、爲東部爪哇首府、東印度貿易之中心、

三寶壟——爲東印度第三都市及貿易港、人口約廿二萬人、中部爪哇首府、背後有山、海拔五百尺、白人奢豪住宅均在此、

萬隆——位巴達維亞東南、爲中部普勒安格爾之首府、人口約十七萬人、海拔二千一百尺之高原都市、山明水秀、空氣新清、爲有名之避暑地、

梭羅——位爪哇中部、人口十六萬五千人、爲一純粹之土人市街、土人王宮殿宏壯、大有王朝遺風、紗籠（即紗裙）及烟草之產地、

曰惹——近梭羅、亦一土人市街、人口約十四萬人、中部爪哇之一大市場、市街整齊華美、四圍有城、物產以紗籠、烟草、砂糖爲最多、

蘇門答臘 面積四十七萬一千五百五十一平方公里、約當爪哇三倍、在東印度羣島中僅小於婆羅洲、爲世界四大島嶼之一、戰前荷政府曾極力開發、期達爲第二爪哇之目的、發展至速、加以土地肥沃、且近昭南及巴達維亞、故外國企業家、投資家、多集中於此、前途未可限量、氣候與其他南洋各地、大同小異、惟北部八月降雨較多、住民八百二十五萬四千餘人、土人共有六種族居此、

主要都市、有巨港、占碑、巴東、棉蘭等、

巨港——南部蘇門答臘第一大都市、人口十萬八千、水運便利、爲輸出入之中心、有定期輪通昭南及巴達維亞、輸出多煤油、煤炭及各種土人產物、

占碑——位巨港北方、人口二萬五千人、以出產煤油聞名、橡膠亦有大量生產、

巴東——人口五萬二千、爲西岸第一都市、街衢壯美、設備完全、土人有商才、與華僑競爭至烈、

棉蘭——人口七萬六千、爲日里公司新開地、蘇門答臘東海岸之首府、有一短鐵路、水道四通八達、前途希望殊大、

婆羅洲島 南婆羅洲、係在婆羅洲島南部、北西部與砂朥越、及北婆羅洲相界、總面積二十萬八千八百十平方公里、占婆羅洲全島七分之五、人口總數爲二百十六萬八千六百餘人、荷蘭曾以此地分

48

爲東南洲及西洲兩統治區域、領內除一部沿河地方外、餘均待開發、住民多馬來民族、主要都市、第一爲馬辰、係河岸市街、人口六萬五千餘人、第二爲坤甸、西婆羅洲首府、人口四萬五千餘人、

西里伯　西里伯位於南婆羅洲東部、面積十六萬八千九百四十平方公里、人口約四百二十二萬六千餘人、除北島及南部以望加錫爲中心各地、略盡開發外、東部地方及西海岸地方、尚待開發、氣候溫和、有土人五種族居此、生活仍近原始狀態、主要都市、僅有望加錫及萬鴉姥兩處、前者自一八四八年即闢爲商埠、爲島內及對其他各島貿易之中心地、市內繁華、人口約八萬七千人、產眞珠、香料等、後者爲米拿哈沙地方之中心、人口二萬八千人、風景極佳、亦爲對外貿易重地、

新幾內亞　新幾內亞在第一次歐戰前、東經一百四十一度以東之南半屬英、北半及附近島嶼屬德（現歸澳洲聯邦委任統治）東經一百四十一度以西之地域屬荷、（爲東印度開發最落後之地方）、面積共四十萬平方公里、人口十九萬人、

北岸地方平地甚廣、多數川河、貫流其中、灌漑既便、氣候溫和、故適於耕種、西北南三地有定期輪船往來、交通亦極便利、土人中有住於樹上者、不少仍留原始之生活形式、出產以椰子等爲最多、

（丙）馬來

行政　馬來係指馬來半島之南部、即北緯六度五十五分至一度十六分中之二三小島嶼而言、早在一八一九年、英國便在此扶殖勢力、初與柔佛王訂立條約、劃取新加坡、後即以此爲根據地、積極發展、遂形成戰前之（英屬）馬來巨港、茲將以往馬來政治上之區分列表如次：

馬來
- 海峽殖民地
  - 新加坡
  - 檳榔嶼
    - 威士利
    - 天定
  - 麻六甲
- 馬來聯邦
  - 霹靂
  - 彭亨
  - 雪蘭峨
  - 森美蘭
- 馬來屬邦
  - 柔佛
  - 吉礁
  - 加央
  - 吉蘭丹
  - 丁加奴

在戰前、海峽殖民地稱爲皇屬、馬來聯邦由上述四州所組織、爲英國保護地、各州中有英人長官駐在、指揮一切行政、未加入上列聯邦之五土侯州、稱爲屬邦、亦受英國保護、外交一切歸英主持、州內統治亦由英之顧問指揮、

面積、人口、氣候　面積總數達十三萬六千平方公里、人口僅四百三十八萬餘人、其中百分之四〇爲馬來人、百分之五〇爲華僑、印度、阿拉伯、爪哇、日本、歐美等人種、僅占其餘百分之一〇而已、

據我方統計、華僑在此、約共一、七〇〇、〇〇〇人、舉凡農工商業、以及各種勞働工作、華人皆居重要地位、

地屬熱帶、常達華氏百度以上、陰影地方、平均亦達八十度、言語一般使用馬來語、華、荷、英語亦可通行、宗教、亦極複雜、其中以回教、佛教、基督教爲最多、

產業政策　英國昔對馬來之產業政策、可以「自由主義」一言蔽之、關於開發產業、除政府積極建設之鐵路、公路、港灣、衛生外、他如農、工、商、鑛、漁各業、尙不侵犯其宗主權、均有絕對之自由、華僑在產業界、占絕大之勢力、馬來又可謂全係華僑所開拓、

惟土地不與各業採取同樣之自由主義、專屬統治者、私人絕無所有權、但有永久租借之規定、故經營事業、尙無十分困難、

關於貿易、海峽殖民地一帶、均採取自由主義、昭南等俱爲自由港、對於一切輸入品、本不徵稅、戰前因日貨輸入過鉅、大受打擊、故採取輸入比率制、以資限制、聯邦與屬邦之貿易政策、均大同小異、

主要都市　馬來主要都市、分別略述如下：

昭南——位於馬來半島先端、爲百年前所建設之海港都市、抱歐、澳、東洋與歐洲、中國、日本與印度、阿非利加交通咽喉、且爲南洋各地交通之中心、殊極繁盛、馬來貿易輸出入達廿億叻幣、其中百分之七十、皆出自昭南、人口四十四萬餘人、其中華僑占三十四萬、其他種族合計、亦不過十萬左右而已、

檳榔嶼——距昭南海路約三百七十哩、鐵路需行程十一小時、全島住民三十餘萬、內佐治市凥十八萬人、爲馬來第二都市、半島方面及蘇門答臘之物質、均聚集於此、

麻六甲——距昭南海路一百十哩、人口三萬餘人、爲八百年古都、遺跡甚多、

吉隆坡——位馬來中央、聯邦州及雪蘭峨州之首府、人口約十一萬人、中央平野殷盛、爲新興都市、

怡保——以霹靂河分爲新舊兩市、人口五萬餘人、華僑富豪、居此甚多、附近爲產錫地、堪稱「富之都」、

太平——霹靂州首府、人口三萬餘人、爲半島最美麗最適養病之市街、以產錫及栽培橡膠聞名、

柔佛新山——距昭南僅十八哩、柔佛首府、回敎之都、以產橡膠出名、人口約二萬餘人、

都巴轄——距昭南陸路約百哩、日僑在此經營橡膠、鐵等甚多、

主要產業　關於馬來之產業、略述如次：

農業　第一爲橡膠、半島所產橡膠、佔全世界需要量百分之五〇、半島中到處皆係橡膠園、橡膠樹、栽培橡膠所佔面積達二百廿萬英畝、投資達八億叻幣、第一次歐戰後膠價大跌、所受打擊至大、近漸復甦、每年輸出達三十七萬噸、

第二爲米、住民大多數食米、故所產僅足供百分之四〇之食用、不足額均由越南、泰國輸入、

可可椰子、到處繁殖、每樹每年平均結五十個、每英畝可得三千個、四千個可得椰乾一噸、椰油用途又極廣、他如玉蜀黍、野菜等生產均極豐富、

鑛業　錫爲主要產物、占世界總產額三分之一、錫業多數爲華僑所經營、年產約九百萬擔、達一億四千萬元、全年產約一萬盎司、鐵、煤油等最近出產漸多、前途希望無窮、

林業　半島中有森林地約九萬平方公里、產柚木聞名、

工業　半島全爲農業國、同時亦爲鑛業國、工業殊爲幼稚、現在僅有製造鳳梨罐頭、鍊錫、火柴、橡膠、製皮搾油等小規模工業而已、餘均不足道、

商業　以土產輸出、及工業品之輸入等貿易頗發達、以昭南檳榔嶼兩地爲中心、詳細見貿易統計中、

特殊領域　舊英屬南洋、有三特別區域、即（一）北婆羅洲、（二）砂朥越、（三）汶來、

北婆羅洲　指英國北婆羅洲公司所經營之地方、廣袤七萬五千平方公里、人口僅二十七萬人、地勢高燥多山、主要生產品爲橡膠、烟草、椰子等、

所謂英屬北婆羅洲公司、係一八八一年十一月英皇下令設立、董事會在倫敦、由董事會選出人員、經殖民大臣承認、即任爲該地總督、負一切行政責任、一八八八年、該地成爲英國保護地後、即改由海峽殖民地總督兼攝、因爲地廣人稀、歡迎移民、故對外國人入境手續、至爲簡單、其他與海峽殖民地略同、主要都市、有：

亞庇　人口不足萬人、爲北婆羅洲鐵路起點、

山打根　人口一萬五千人、爲北婆羅洲最大都市、海路通澳洲、香港、昭南等、

砂朥越王國　接近北婆羅洲西南、面中國海一帶土地、面積十二萬四千公里、有大小無數河川、

小輪船可通各處、一般仍未開發、除首府古晉及其他二、三地方外、餘均極荒涼、氣候較其他南洋各地、略爲溫和、人口約五十萬人、華僑居百分之二〇、

初屬汶來、後在英人普爾克領導之下、脫離汶來而獨立、政綱以保護土人爲目的、此地既無英人官吏、顧問、僅外交一項、戰前歸英主持而已、他如土地、貿易等政策、均表現擁護土人利益、與南洋其他各地、殊不相同、

汶來王國　係介在砂朥越與北婆羅洲間之一小土侯國、過去幅員廣大、後漸被蠶食、僅餘面積一萬平方公里、人口三萬餘人而已、一八八八年成爲英之保護屬地、一九〇九年、英國曾設置總督駐此、

領內道路並不發達、交通多用河船、產業除農、鑛外、餘均不足道、商業完全握在華僑手中、貿易以昭南爲主要對象、貨幣兼用叻幣及砂朥越幣、

貿易　橡膠、錫、椰乾爲馬來三大物產、馬來之貿易、亦以此三物產爲中心、輸出品除錫外、餘幾均爲農產品、輸入則全爲完製品、實爲表現殖民地貿易之典型、

就馬來之貿易以國別而言、第一當推東印度、尤其是輸入、東印度約占總輸入百分之三五以上、遠非他國所可比擬、反之輸出則以美國占最優勢、約占總輸出額百分之四〇、橡膠一項、輸至美國者、幾占總輸出量百分之七〇、其次爲英國、輸出入額、均占第二位、而與英國其他屬地、關係尤爲密切、歐洲各國與馬來貿易最盛者、當推德、法、荷三國、

馬來與日本之貿易、一九三〇年以來、逐漸發達、對日輸出、遠超美國、竟占第二位、重要原因

、係日本工業發達、需要橡膠、煤油等原料、逐漸增加之、故由日輸入、僅次於中國而占第七位、較之一九二七年、似略減少、重要原因則在於日本與東印度直接交易、未經過馬來之故、

(丁) 越南

行政　所謂越南(印度支那)、係由東京、安南、老撾、東埔寨及交趾支那五地方合成、其中僅交趾支那爲法國純粹之領地、其餘四土侯國、皆法國保護地、法國爲統轄此五處地方、派遣總督住交趾支那、並設殖民地政廳於此、其餘四處地方、則設理事廳、一切政治問題、均由此項組織解決之、從文化上觀之、交趾支那與東埔寨受印度影響至爲濃厚、安南、東京、老撾則完全受中國薰育、文字、服裝、風俗、習慣等均爲中國之形式、足見此地早與中國有密切關係、

面積、人口、地勢　面積全體共七十萬零四千四百平方公里、人口達二千三百零三萬餘人、此項數字、係根據納過人頭稅者之統計、實際數字、當不止此數、據估計越南人口最少當在三千萬人以上、華僑居此、達三十六萬人、主要營業爲碾米、藥材、棉業、橡膠園及雜貨店等、

西藏分山脈由東京之西部、過老撾、再南下而入安南、止於交趾支那境、安南南部爲斷崖之海岸、多峻險岬角及島嶼、境內有五河流縱橫流通、灌溉極便、不愧爲產米之王國、

氣候　氣候因地而異、但一般言、屬熱帶、交趾支那及東埔寨之氣溫、冬夏無差、爲常夏國、平均在攝氏廿七度至三十五度間、安南北部約廿五度、南部約廿七度、東京氣溫最低、乾燥期有低至十度——八度、老撾變化極微、

因暑熱過激、病疫盛行、犧牲人命無數、人種甚多、風俗習慣、自成差異、土人之生活、仍不脫

其野蠻情形、華僑居此、在文化上給以莫大之指導、一般人信奉佛教、自然物崇拜之風、亦極盛行、

資源及產業　越南爲亞洲南部物產最豐富之土地、爲法國殖民地中最重要之寶庫、第一次歐戰後、法國對此特加注意、鐵、煤埋藏之多、以及土地之適於栽培、爲世界有名之區、

關於開發問題、法國採取極端之保護政策、在法國之封鎖狀態之下、外資殊不容易發展、關稅亦分爲一般稅率及最低稅率兩種、前者較後者約高四倍有奇、對無條約關係之國家、均照一般稅率徵收、惟鑛業對於外資、却有特別優待、

交通　越南之既設鐵路、僅二千二百公里、但至一九三六年時增爲三、三〇一仟米、由轉運系統觀之、計有（一）北部鐵路、（二）中部安南鐵路、（三）南部鐵路、（四）滇越鐵路等、因鐵路不甚發達、故交通多賴汽車及河川、

主要都市　越南主要都市、有六處（一）西貢、（二）河內、（三）海防、（四）堤岸、（五）金塔城（稱百囊奔）、（六）順化、

西貢（日人稱柴棍）　爲交趾支那首都、人口約十五萬人、爲一甚有佈置之美麗都市、在此有總督及殖民地長官之官舍、市立劇場、公會堂等、富麗堂皇、且爲越南第一商港、二萬噸以上之巨輪、可以自由停泊、設備至爲周全、西貢米之輸出以及越南南方貨物之輸入、皆賴此港、實爲越南工商業最發達之地、

堤岸　接近西貢西方、人口十五萬、全係華僑、米業較盛、多數輸出柬埔寨及老撾地方、

金塔城　人口八萬、爲柬埔寨首都、有王朝時代之宮殿、法國理事官即駐此、本地有許多名勝、

爲遊覽勝地、

河內　面紅河、爲東京首都、越南總督駐此、人口十六萬、街衢整齊、近代都市之設備、一切俱備、有小巴黎之稱、

海防　人口十萬、爲越南第二商港、與西貢同爲近代設備最周之都市、工業亦較他處發達、

順化　人口八萬、安南王國之首都、古風依然存在、大安南山脈環繞於市街、一方面海、地勢險要、市街中挾有香河、對岸爲法人街市、理事官即駐此、

安南　東京古稱大越、爲我國外藩、現則徒視大好河山、爲人任意侵略、誠堪浩嘆、

貿易　越南貿易、亦與東印度、馬來等一般、以農產物爲輸出入之中心、惟農產物種類、不若前兩者之多、輸出以米占最多數、煤炭年產達百餘萬公噸、輸出約占百分之七、輸出地方以中國及日本爲最多、輸入亦多完製品、殖民地色彩、仍極濃厚、

## （戊）泰國

現勢　在無處不是歐美各國殖民地或保障地之南洋中、惟有泰國則居然能樹起白象之旗、保存獨立國家之體面、

泰國位亞洲東南、爲東印度支那半島之一部分、東北界越南、西北接緬甸、一部臨孟加拉灣(Bay of Bengal)、南部伸出與馬來相接、伸出部之東、面中國海及暹羅灣、

近二十年來、先後廢除不平等條約、收回立法、司法、關稅等權利、儼然名實均成爲獨立國、在國際上占有新地位、其能利用英法兩勢力之衝突、維持獨立光榮、不可不謂係一種努力之結晶、國內

各種建設、尤其經濟方面、可謂俱出華僑之手、商業更非華僑不能經營、華僑勢力在泰國已樹之基礎、國內富豪除王族外、即爲華僑、

面積、人口、地勢　泰國面積五十一萬八千平方公里、人口總額迄至一九三七年時增爲一千四百四十餘萬、華僑居此達二百五十萬人、加上華僑混血種、全數當占全泰總人口半數以上、主要營業爲礱米、鋸木等、地勢由北傾南、北方及東西國境、山岳重疊、深山幽谷、形成高原地帶、南下山勢漸低、溪澤漸廣、形成一望千里之大平原、湄南河橫貫中央、支流無數、形成泰國之大動脈、東有湄公河、西有薩爾溫江、

據專家統計、全國土地、可耕者約百分之四〇、最少亦達一億六千萬啄（暹羅畝）、而現在已耕土地之占可耕地畝數、不過百分之十而已、足見大有發展餘地、

氣候及習慣　氣候乾雨兩季極分明、乾季約自十一月至翌年四月、雨季約自五月至十月、乾季晴天繼續、不見雲雨、十二月有如秋天、四月最熱、幾達華氏九十五六度、雨季每日必下雨二三次、大雨滂沱、時起害災、故築有運河、以避此難、

一般國民有順從之美風、以佛教爲國教、國王自稱爲「法的守護者」、國民大多數爲佛教徒、到處有寺院、黃衣僧侶、舉目皆是、故有黃衣國之稱、國民以爲僧侶爲最光榮、最少須到僧院修道一兩年、或三四個月、否則殊不爲人所視、現有僧侶十五萬人、加上臨時修道者、則爲數當屬可觀、因崇信佛教、故風俗、習慣、美術等等、俱帶有佛教濃厚之色彩、

國民中大概分爲官吏及軍人、與平民兩大階級、前者生活繁華、後者簡樸極甚、中產階級、大都

爲商人、且全體幾爲華僑、泰國人極少營商者、

男女分別、尙無若何嚴厲、腰間俱圍花布、男子着薄白洋服、女子僅乳部圍細布、最近亦有穿薄衣之習慣、多數喜插鑲寶之簪在髮上、但男女均剪髮、

交通　內地交通、均賴鐵路及河流、汽車道頗少、重要鐵路、有（一）東北線（二）東方線、（三）北方線、（四）其他分線等、均以曼谷爲中心、可達四方、長約一千七百五十哩、海路有通中國、日本、南洋等地之定期輪、以巴南爲要港、

貿易輸出入各約一億七八千萬銖、輸出以米爲大宗、輸入大宗、則爲一般雜貨、

主要都市　主要都市、有下列各處：

曼谷　爲本國首都、人口約六十五萬、王宮、官廳、博物館及其他文化機關、極盡華美、此外又有無數壯麗之寺院、高塔、實不愧爲佛教國之首都、曼谷爲泰國第一貿易港、貿易品幾全體由此處經過、故商業極發達、

高拉　人口約六萬人、爲東部之商業中心地、

匹擦紐洛克　爲湄南河上之都市、人口三萬、以有名佛像著聞、

白欖坡　在湄南河上流、爲南猛、湄南、湄濱河合流點、北部物產之集散地、

景邁　爲產檀木中心地、人口三萬、又爲軍事重要區域、

大城　（一稱猶地亞）距曼谷約兩時之汽車直達、人口三萬、爲軍事上、產業上之重要地點、

主要產業　泰國之主要產業、爲農業及漁業、其中以米爲最重要之產物、本國經濟界之榮衰、全

以米收獲如何爲斷、最近政府設立合作社、以資調度、對於貧困之農民、幫助不少、

政府又爲謀國家經濟之安全、努力獎勵和保護製糖事業及栽培橡膠、且過去泰國本爲東洋有名之產糖國、氣候、雨量、地質、勞工等之適於製糖事業、最近之將來、必有與爪哇糖爭一日短長機會之來臨、

栽培橡膠爲一新企業、在馬來交界處、地價低廉、又無麻煩法規等之拘束、將來極有希望、此外如烟草、胡椒、棉花等、近已開始小規模經營、前途仍有待於努力、

檀木亦爲本國重要資源之一、泰國與緬甸爲世界最有名供給檀木之地、惟採伐權均操於外國公司之手、

國內需要鹹魚甚多、水產年產約三千萬銖、以地理種種關係、水產業將來必大發達、

貿易　泰國之對外貿易、在第一次大戰後雖有顯著之發展、但一九二七年以後、逐漸呈現減少之傾向、其後減退之情形、愈加激烈、及至一九三一年——三二年、竟較之一九二八年度減少至一半以下、打破過去十四年來之最低記錄、如此減退之原因、爲該國所占輸出額十分之七之米、因價格慘落之故、結果該國之購買力愈形萎縮、輸入亦隨之而減少、又該國輸出品、大部份爲食料、其次即爲原料、而工業品居極少數、反之輸入方面、因其爲農業國、故大部爲工業品、幾占輸入量十分之六・七以上、若再加上工業品中之酒精、及烟、實占十分之七・五或十分之八、近年來泰國對外貿易數字、逐漸增加、頗爲繁榮也、

今觀察其各完成品之數目、可知棉織物占第一位、次則爲礦油、電氣器具、砂糖、罐頭、機械、

車輛等等、

泰國貿易之國別關係、一九三七——三八年最主要之輸出地爲香港約二一、一二四千銖（約占總輸出百分之一二・四）、昭南五二、六五九千銖（約三一・〇%）、檳城五八、一〇九千銖（三四・二%）、英國一二、五七一千銖（八・〇%）、日本六、二六一千銖（三・七%）、東印度三、三三七千銖（一・九%）美國一、一九六千銖（〇・七%）、輸入方面、香港七九九千銖（〇・七%）英國二三、八〇四千銖（二二・三%）東印度一五、一二九千銖（一三・五%）、昭南三、三一三千銖（二・九%）、檳城一一、七八八千銖（一〇・五%）、中國九、四九七千銖（八・五%）、日本二四、三三七千銖（二一・八%）、德國七、三六一千銖（六・六%）、美國八、五七〇千銖（七・六%）共中祗日本一國之輸出入對總額之比率均有增加、尤其是輸入、在第一次歐戰前僅爲二・三%、至最近竟增至二一・八%、此因日本對泰國所需要之絲織品、棉織品、機械及電器具、車輛、小麥粉等、均有飛躍增進之故、泰國輸往日本之物品、以米及檀木二者爲主、而該國之主產品錫、幾全部輸諸馬來、

## 八、國貨行銷南洋之調查及其將來之發展

南洋各地之經營批發販賣業者十九爲華僑、故華僑所握經濟權力極大、歐美日本雖有洋行直接運輸進口、然必賴諸華僑商號爲之販賣、因華僑勢力深入內地、對土人生活習慣、尤所稔熟、各地雖極小城鎮商號之招牌上、均必有華文名稱、以利華商往來、吾國貨工業欲謀發展於南洋一帶、自可與華僑商號接洽、而毫無感覺困難、蓋華僑之愛國心理、甚於國內、苟國貨有出品、而合於南洋銷路者、

華僑必舉於販賣也、茲特將各地所行銷之各種國貨及其推銷情形分別錄述於後：

國貨行銷南洋調查表

| 類別 | 銷數較多者 | 略有銷路者 | 可以推銷者 |
| --- | --- | --- | --- |
| （一）絲綢類 | 杭紡、湖縐、𦂳綢、白綾、夾絲疋頭、山東綢、人造絲、純絲綢、 | 純絲錦線、絲花衣邊、府綢、 | |
| （二）布疋類 | 毛藍布、銀灰布、白斜布、軟性苧蔴布、扣布、夾紗樹皮纖維布、 | 條子布、印花布、竹布、厚薄帆布、 | |
| （三）棉織汗衫 | 短袖線衫、闊袖線衫、紗織背心、紗織冷衫、各種汗衫、 | 長袖線衫、線織背心、其他紗衫 | |
| （四）棉織毛巾 | 全白毛巾、條子毛巾、什花面巾、 | 條子浴巾、純白浴巾、什花浴巾、 | 單毛浴衣、雙毛浴毯、雙毛浴衣、毛巾拖鞋、 |
| （五）棉織襪類 | 短統男襪、經濟球襪、男紗套襪、女紗套襪、孩童紗襪、 | 人絲夾紗男花格襪、中統男線襪、人絲女襪、中統女線襪、夾毛襪、 | 各種新式線襪、 |
| （六）絲織襪類 | 短統男絲襪、及女絲套襪 | 中統絲女襪、純絲舞襪、 | 各種新式絲襪、 |
| （七）毛羽織物 | 羊毛冷衣、夾毛絨衫、運動用棉毛絨衫、羊毛運動襪、 | 女式毛絨衫、毛游水衣褲、毛羽雨衣、 | 各種呢絨嗶嘰、毛羽疋頭、毛織童衣及毛織品、 |
| （八）被氈類 | 印花被單、白珠被、各式床布、色珠被、 | 七尺青西毯、毛巾毯、 | 新式旅行羊毛毯、駝絨毯、絲棉被、 |

(九)西裝用品　絲織領帶、西式內衣、領花領結、女式內衣、府綢襯衫、軟領硬領、新式西裝飾品、

(一〇)手帕類　白紗手帕、絲花手帕、條子手帕、女紗手帕、人絲手帕、絲圍巾、各式手帕、紗汗帕、新式大小手帕、

(一一)靴鞋類　中式貢呢鞋、草拖鞋、中式花緞鞋、皮拖鞋、繡花女鞋、黃黑紋皮男靴、新式女皮鞋、什歘孩童鞋、膠鞋、套鞋、跑鞋、足球鞋、

(一二)帽類　各式呢帽、孩草帽、火毛草帽、孩兒綢帽、美式草帽、膠帽、白通木帽、布學生帽、絨布孩帽、各種氈帽、

(一三)皮件類　大小軟蓋皮噏、大小硬蓋皮噏、紋皮銀夾、皮袴帶、皮櫃箱、新式舞夾、紋皮包、皮帽盒、各式皮箱、

(一四)箱類　黑漆皮箱、藤柳箱噏、冲皮箱噏、反白和合箱、鋼板旅行箱、樟木衣箱、帆布箱、草編篋、各式書包、

(一五)傘類　尺六半油紙傘、尺七油紙傘、尺半女花布傘、女式花紙傘、杭州花布傘、綢布陽傘、新式紙傘、

(一六)草蓆類　二尺四滿花草蓆、二尺六滿花草蓆、三尺六滿花草蓆、大小龍鬚草蓆、草編椅墊子、地蓆、蔴編地蓆、排壁蓆、機製花涼蓆、

(一七)化粧品　花露水、牙膏、牙粉、髮膠、髮臘、爽身粉、生髮油、胭脂、唇脂、香面粉、香水、指甲液、生髮水、其他新式化粧品、

(一八)裝飾品　時髦首式、絲織畫、象牙飾品、刺繡品、玉器首飾、貝殼製物、琥珀玳瑁、各種新式首飾、

58

| | | | |
|---|---|---|---|
| （一九）銀器類 | 銀杯、銀盾、花瓶、銀製餐具、 | 各式銀製禮品、 | |
| （二〇）銅器類 | 銅鎖、絞鏈、拉手、衣鈎、銅製家具、 | 噴水壺、茶壺、面盆、水烟壺、西式餐具、銅器古玩、 | 各種新式銅器日用品、 |
| （二一）鐵器類 | 刀、鐮、錘、銼、斧、鋸、釘、鏟、鉗、農工用品 | 建築門窗架、鐵絲鐵網、 | 各種機器用具、 |
| （二二）瓷器類 | 粗花碗、盤、碟、匙、甔、西式咖啡杯、盤保鉢、各種花瓶花盆、 | 古式花瓶、新式茶具、新式花瓶、西式茶具、紫泥陶器、 | 西式碗、盤、杯、茶具、糖缸、藥瓶、研碗、礪水壺、瓷衣鈎 |
| （二三）搪瓷類 | 純白口杯、雜色口杯、純白面盆、雜色面盆、 | 茶壺、飯鍋、食籃、咖啡壺、參燉、痰盂、茶盤、 | 洗像盤、 |
| （二四）鋼精類 | | 飯鍋、水籃、口杯、蓋杯、茶壺、 | 其他新式日用家具、 |
| （二五）玻璃器 | 冷熱水壺、水杯、酒杯、 | 茶杯、花瓶、糖缸、鏡子、照相架、 | 藥房及化學用具、 |
| （二六）賽璐珞 | 台球、烟盒、皂盒、粉盒 | 兒童玩具、 | 各種新出品、 |
| （二七）電木類 | 膠木湯匙、 | 茶盤、飯碗、果盒、茶杯 | |
| （二八）電器用品 | 瓷製電線夾、普通燈罩、乾電池、手電燈、 | 電木開關、燈臍、美麗燈罩、 | 風扇、熨斗、電氣爐、其他附屬品、 |
| （二九）油漆類 | 厚塗漆、色磁漆、桐子油、 | 川漆、斯立油、凡立油、松節油、調合漆、 | 噴漆、 |
| （三〇）運動器具 | 籃球、運動衣、足球、運動鞋、 | 球網、鐵餅、球拍、鐙鈴、棍棒、乒乓具、 | 各種標準運動用具、 |
| （三一）玩具類 | 泥人玩具、彩鐵玩物、化學玩具、木製f品、 | 各種中式玩具、 | 新式教育玩具、 |
| （三二）印刷類 | 彩印罐盒、彩色印件、 | 墨油、臘紙、針筆板、複印機、 | 各種印務用品、 |

(三三)藥品類　國產生熟藥材全部、化裝特效藥品、　中式西化藥、藥用附屬品　西式藥品、

(三四)肥皂類　紙盒藥皂、經濟香皂、　鐵盒藥皂、各欵香皂、　高等香皂、價廉條皂

(三五)眼鏡類　水晶眼鏡、眼鏡附屬品、　各欵新式眼鏡、

(三六)刷類　各種牙刷、各種衣刷、　靴刷、髮刷、鬚刷、　棕刷、地板刷、

(三七)鈕扣類　白骨衣鈕、蝶伺扣鈕、西裝膠鈕、　袖口鈕、領鈕、牙鈕、

(三八)梳篦類　新式男膠梳、男角梳、新式女膠梳、女角梳、黃楊木梳、　竹篦、理髮梳篦、

(三九)紙類　粗草紙、毛邊紙、紙版、信箋、全部國紙、　色綿花紙、機製包皮紙、　各種新式紙、

(四〇)筆類　羊毫、狼毫、石筆、粉筆、鉛筆、　描圖筆、臘筆、五彩描筆、　自來水筆、鋼筆桿、

(四一)文具類　中式文具硯墨等、　西式文具、　新式美術文具、

(四二)茶葉類　武彝、龍井、各種特製茶　紅綠茶、白菊花、杏仁粉　西式茶粉、

(四三)罐頭食品　水菓、菜心、醬瓜、魚肉、猪脚、青豆、鮑魚、蟮、牛肉、　各種肉鬆、蔬菜、罐頭糖果、鷄鴨、餅乾、　各種新式化學罐頭食品、

(四四)調味類　玻璃瓶裝調味粉、　醬油精、　西式茄醬椒醬芥茉、

(四五)酒露類　啤酒、國藥酒、高粱酒、紹興酒、玫瑰酒、五加皮酒、　白蘭池酒、烏蜜酒、葡萄酒、　火酒及各種特製酒、

(四六)香烟類　盒裝聽裝紙烟、國產紅烟　雪茄、朱律、粗烟片、　上等聽裝香烟、

## （甲）南洋華僑之資富

凡南洋主要之企業、大都均爲吾僑胞所掌握、僑胞擁資之巨、足以操縱南洋金融、所有事業、足以壟斷南洋經濟、執各地商業之牛耳、愛國之殷、尤非楮墨所能形容、祖國一旦有求於僑胞者、則捐助爭先恐後、源源而來、國家社會受惠非淺、至論南洋各地華僑之富有資力、據一九三八年之統計、在馬來、東印度、菲律濱、越南、泰國五地共有之財產、照該時國際匯兌率估計、約值一百六十億之巨、當戰事之餘、百廢待舉、建國之道、萬機多端、破碎之民族工業、極待復興、凋殘之國外貿易、更待人發展、百孔千瘡之局、必有賴於僑胞之協助也、故對僑胞之資富、不得不加以研究、茲將一九三八年調查所得南洋華僑資富統計列表如下：

南洋華僑資富統計表

| 地域／門部 | 農業 | 礦業 | 工業 | 商業 | 金融業 | 原幣合計 | 折合國幣合計 |
|---|---|---|---|---|---|---|---|
| 馬來單位萬叻幣 | 一八、〇〇〇 | 四、五〇〇 | 二、〇〇〇 | 一六、〇〇〇 | 二、〇〇〇 | 四三、〇〇〇 | 三〇一、〇〇〇 |
| 東印度單位萬盾 | 二〇、〇〇〇 | 一、五〇〇 | 四〇、〇〇〇 | 一、五〇〇 | — | 六三、〇〇〇 | 六三〇、〇〇〇 |
| 菲律濱單位萬批索 | — | — | 四、〇〇〇 | 一八、〇〇〇 | 一、〇〇〇 | 二三、〇〇〇 | 二五三、〇〇〇 |
| 越南單位萬庇阿斯 | 一、五〇〇 | — | 三、五〇〇 | 一二、〇〇〇 | 一〇、〇〇〇 | 二七、〇〇〇 | 一〇八、〇〇〇 |
| 泰國單位萬銖 | — | — | 四、五〇〇 | 二五、〇〇〇 | 二五、〇〇〇 | 五四、五〇〇 | 二九九、七五〇 |
| 折合國幣單位萬元 | 三三二、〇〇〇 | 三一、五〇〇 | 一一一、七五〇 | 八九九、〇〇〇 | 二一七、五〇〇 | | 一、五九一、七五〇 |

## （乙）推進國貨貿易之捷徑

「八一三」戰爭以還、國貨在南洋銷路較暢、一則匯兌有利、二則歐美貨物來源銳減、然與各地總輸入額比較、其微不足道、推其所以、一則缺乏宣傳、二則出品參差、不盡適合標準、三則國人在南洋之金融機構不健全、四則運輸上不由自主、上述四種缺點、除運輸事業範圍太大、在商人不易為力外、其他三種缺點、均非不可糾正者、今希吾國貨廠商、共同研究設法、須以整個力量、彌補此種缺憾、其一聯合國貨廠商改良出品擴大宣傳、其二聯合國內外貿易機關銀行加強金融力量、繼之與各地華僑商號相互提攜、則國貨外銷互相呼應、必可使貨暢其流、

南洋各地原有之批發商組織、甚為堅強、且有勢力、欲與平行發展、事實上頗有困難、故對於國貨之批發業、固應注意、但同時最好利用華僑之原有商業機構、直接向消費者發生關係、較為有效、國貨廠商為擴大宣傳、樹立永久基業起見、應以精明之商業戰術、不但與主要城市批發商取密切連繫、並在各地設鏈鎖商店（chain store）成立南洋國貨網、使每一角落、每一僑胞、知國貨之購取、有因南洋之購買力、大部潛在鄉村間、故在南洋之貿易發展、須向直接消費者發生關係、較有把握、事業成就、首賴僑胞領袖為之倡、庶幾登高一呼、則萬流景仰、國貨廠商苟能聯合組織、擬有策略、廣大宣傳、博得各方同情、吸收衆流而後匯成大川、依時邁進、三年而基礎立、五年而小就、十年而大成、最後勝利可操左券、功不僅在復興民族工業、亦使國內外同胞解除隔膜、誠信相孚、聲應氣求、休戚相關、一掃二千年來視同秦越之積習、其有裨於國家民族之前途者、豈淺鮮哉、

就一九三八年統計、在馬來、東印度、泰國、越南、菲律濱五地之國貨輸入額為三萬九千九百萬

元、僅佔五區輸入總額之百分之三・六、五區僑胞凡五百九十萬人、計每人全年之國貨消費額僅國幣六十七元、若以僑胞之富有資力而論、足徵國貨在南洋祇就華僑本身消費而言、亦未盡銷售之能事耳、由此觀之、國貨在南洋之推進及其發展、前途極有希望也、

茲將近年來南洋各地輸入國貨統計列表於下：

南洋輸入國貨統計表

| 年期 | 地名 | 總輸入額 | 自中國輸入 | 佔輸入額之百分率 | 華僑人數 | 每年每人之消費額 |
|---|---|---|---|---|---|---|
| 一九三七 | 馬來 | 叻幣六九、一六五、三六二<br>折合國幣四八四、一五七、五三四 | 叻幣二七、六二三、000<br>折合國幣一九三、三六一、000 | 四% | 一、七00、000 | 叻幣十六元三角 |
| 一九三六 | 東印度 | 盾幣二八六、七00、000<br>折合國幣二、八六七、000、000 | 盾幣五、九九一、000<br>折合國幣五九、九一0、000 | 二•0九% | 一、二三0、000 | 盾幣四元八角 |
| 一九三七八 | 泰國 | 銖二一、八四三、四八一<br>折合國幣六一、一五三、六四七 | 銖八、四九七、五三四<br>折合國幣五三、二三六、三八三 | 八•四九% | 二、五00、000 | 暹幣三元七角 |
| 一九三五 | 越南 | 法郎九三0、七七三、000<br>折合國幣二七九、二三一、九00 | 法郎七0、000、000<br>折合國幣二一、000、000 | 七•八% | 三九0、000 | 法郎一百八十四 |
| 一九三七 | 非律濱 | 批索三八、0三一、四九0<br>折合國幣二0四、八八六、三九0 | 批索六、六三五、二九三<br>折合國幣七三、八五六、三二三 | 四% | 一一0、000 | 批索六十 |
| 合計國幣 | | 一、二0三、0八八、一九九 | 國幣四三、二八六、五九四 | 三•六% | 五、九三0、000 | 國幣六十七元四角四分 |

假定匯率：每叻幣等於國幣七元　每荷盾等於國幣十元　每菲幣等於國幣十一元

每越幣等於國幣四元　每泰幣等於國幣五元五角　每法郎等於國幣三角

## 九、南洋之金融機關

在馬來之銀行、共計廿一家、屬於英國者六家、日本者三家、荷蘭者二家、美國者一家、中國者八家、法國者一家、除麥加利銀行被委管理馬來諸邦之金庫及對英本國之匯欵事宜、兼調劑金融外、其他之外國銀行大都以辦理國外匯兌爲主、而近年來華僑所設之華商銀行等、資本雖非鉅大、但亦有其一部份之勢力、其主要業務爲代華僑匯欵回國、及其他存放欵項等業、若與外國銀行相比、自有不同之點也、

在東印度之銀行、共計十四家、屬於荷蘭者四家、英國者三家、美國者一家、日本者四家、中國者一家、除發行紙幣及代理金庫之爪哇銀行外、尚有普通銀行、拓植銀行、儲蓄銀行、勸業銀行等、至於國外匯兌、大抵仍由其他外國銀行辦理之、

在菲律濱之銀行、共有九家、屬於菲島者四家、中國者二家、英國者二家、日本者一家、除國立銀行賦與發行紙幣之特權、並管理政府金庫外、其他金融機關則有郵政儲金局及支票匯劃所、各銀行之主要營業爲匯兌、存欵、放欵、及貼現等業、

在越南之銀行、共計十三家、屬於法國者九家、英國者三家、中國者一家、除印度支那銀行、執行中央銀行之任務並經營普通銀行業務外、其他則有專營拓植之銀行、及普通銀行、經營一切銀行業務、

在泰國之銀行、共計十家、屬於泰國者二家、中國者三家、英國者三家、法國者二家、除匯商銀行代理金庫、兼營銀行匯兌外、尚有官立儲蓄銀行、專營儲蓄業務、性質與郵政儲金類似、此外其他

之銀行大部經營匯兌及普通銀行業務、

茲將南洋各地之銀行、分部列表如下：

戰前南洋之金融機關一覽表

| 馬來： | 資本金 | 收足資本 | 公積金 | 總行創立年份 | 總行所在地 | 在馬來總分行所在地點 |
|---|---|---|---|---|---|---|
| 屬於英國者（千鎊單位） | | | | | | |
| 麥加利銀行 | 三、〇〇〇 | 三、〇〇〇 | 三、〇〇〇 | 一八五三 | 倫敦 | 昭南、亞路士打、怡保、巴生、吉隆坡、檳榔嶼、芙蓉、太平、 |
| 滙豐銀行 | 五〇、〇〇〇港幣 | 二〇、〇〇〇港幣 | 二〇、〇〇〇港幣 | 一八六七 | 香港 | 昭南、怡保、新山、吉隆坡、蔴坡、馬六甲、檳榔嶼、 |
| 有利銀行 | 三、〇〇〇 | 一、〇五〇 | 一、二四九・一 | 一八九二 | 倫敦 | 昭南、怡保、新高打、吉隆坡、瓜剌立比、掛勝丁加奴、檳榔嶼、關丹、 |
| 大英銀行 | 五、〇〇〇 | 二、五九四・二 | 一、八〇〇 | 一九二〇 | 倫敦 | 昭南 |
| 東方銀行 | 二、〇〇〇 | 一、〇〇〇 | 五〇〇 | 一九〇九 | 倫敦 | 昭南 |
| 通濟隆 | 一二五 | | | | 倫敦 | 昭南 |
| 屬於日本者（千日圓單位） | | | | | | |
| 臺灣銀行 | 一五、〇〇〇 | 一三、一二五 | | 一八九九 | 臺北 | 昭南 |
| 橫濱正金銀行 | 一〇〇、〇〇〇 | 一〇〇、〇〇〇 | 一〇二、五〇〇 | 一八八〇 | 橫濱 | 昭南 |
| 華南銀行 | 二、五〇〇 | 一、八七五 | | 一九一九 | 臺北 | 昭南 |

| | | | | | | |
|---|---|---|---|---|---|---|
| 屬於荷蘭者（千荷盾單位） | | | | | | |
| 安達銀行 | 九九、〇〇〇 | 三三、〇〇〇 | 二七、六八七 | 一八六三 | 安姆斯特達姆 | 昭南 |
| 荷蘭銀 | 六五、〇三〇 | 三五、〇三〇 | 五、〇〇〇 | 一八二四 | 安姆斯特達姆 | 昭南、梹榔嶼、 |
| 屬於美國者（千金元單位） | | | | | | |
| 花旗銀行 | 一五〇、〇〇〇 | 一二七、五〇〇 | 三〇、〇〇〇 | 一八一二 | 紐約 | 昭南 |
| 屬於法國者（千法郎單位） | | | | | | |
| 東方匯利銀行 | 一二〇、〇〇〇 | 一二〇、〇〇〇 | 一二四、九四四 | 一八七五 | 巴黎 | 昭南 |
| 屬於中國者（千叻幣單位） | | | | | | |
| 四海通銀行 | 二、〇〇〇 | 二、〇〇〇 | 二、九〇〇 | 一九〇七 | 昭南 | 昭南 |
| 華僑銀行 | 四〇、〇〇〇 | 一〇、〇〇〇 | | 一九一九 | 同上 | 昭南、梹榔嶼、馬六甲、怡保、吉隆坡、芙蓉、吉連丹、蘇坡、峇株巴轄 |
| 利華銀行 | 一〇、〇〇〇 | 一、六〇五 | | | 同上 | 昭南、怡保、 |
| 廣益銀行 | 一、〇〇〇 | 一、〇〇〇 | | | 吉隆坡 | 吉隆坡 |
| 廣利銀行 | 五〇〇 | | | | 昭南 | 昭南 |
| 大華銀行 | 一、〇〇〇 | 四、〇〇〇 | | | 同上 | 同上 |
| 中國銀行 | | 四〇、〇〇〇元 | 三、五〇〇元 | 一九一二 | 上海 | 同上 |
| 萬興利銀行 | | | | | 昭南 | 昭南、梹榔嶼、 |

東印度羣島：

| | | | | | | |
|---|---|---|---|---|---|---|
| 屬於荷蘭者（千荷盾單位） | | | | | | |
| 爪哇銀行 | 九、〇〇〇 | 九、〇〇〇 | 四、七九一 | 一八二八 | | |
| 荷印貿易公司（即荷蘭商行） | 六五、〇三〇 | 三五、〇三〇 | 六、〇〇〇 | 一八二四 | 荷京 | 巴城等處 |
| 荷印商業銀行（即安 銀行） | 一〇〇、〇〇〇 | 三三、〇〇〇 | 一三、二〇〇 | 一八六三 | 荷京 | 東印度各地支行及辦事處計有十八處 |
| 荷印貼現銀行（即公篤銀行） | 二〇、〇〇〇 | 一三、五〇〇 | 二、七四六 | 一八五七 | 巴城 | 支行及辦事處十五所 |
| 屬於英國者（千英鎊單位） | | | | | | |
| 匯豐銀行 | 五〇、〇〇〇 | 二〇、〇〇〇 | 六、五〇〇 | 一八六七 | 香港 | 巴城、泗水、 |
| 麥加利銀行 | 三、〇〇〇 | 三、〇〇〇 | 三、〇〇〇 | 一八五三 | 倫敦 | 巴城、泗水、三寶隴 |
| 有利銀行 | 三、〇〇〇 | 一、〇五〇 | 一、二四九・一 | 一八九二 | 倫敦 | 巴城、泗水、 |
| 屬於美國者（千美金單位） | | | | | | |
| 花旗銀行 | 一五〇、〇〇〇 | 一二七、五〇〇 | 三〇、〇〇〇 | 一八一二 | 紐約 | 巴城 |
| 屬於日本者（千日圓單位） | | | | | | |
| 台灣銀行 | 一五、〇〇〇 | 一三、一二五 | 三、一〇四 | 一八九九 | 台北 | 巴城、泗水、三寶隴、 |
| 正金銀行 | 一〇〇、〇〇〇 | 一〇〇、〇〇〇 | 一二五、八〇〇 | 一八八〇 | 橫濱 | 同上 |
| 三井銀行 | 一〇〇、〇〇〇 | 六〇、〇〇〇 | 五六、八〇〇 | | 東京 | 泗水 |
| 華南銀行 | 二、五〇〇 | 一、八七五 | 七・五 | 一九一九 | 台北 | 三寶隴 |

| | | | | | | |
|---|---|---|---|---|---|---|
| 屬于中國者 | | | | | | |
| 華僑銀行 | 四〇、〇〇〇 | 一〇、〇〇〇（千叻幣單位） | | 一九一九 | 昭南 | 巴城、巨港、占碑、三寶瓏、 |
| 巴城銀行 | | 五〇 | 二六三（千荷盾單位） | | 巴城 | |
| 菲律濱羣島： | | | | | | |
| 屬於菲律賓者 | | | | | | |
| 菲律賓國立銀行 | | | | | 馬尼拉 | 碧瑤、宿務、伊朗、拉牛板、羅申那、黎牙賓備、省路拉、 |
| 菲律賓羣島銀行 | | | | | 馬尼拉 | 伊朗、宿務、三寶瓏、 |
| 菲律濱信託公司 | | | | | | |
| 屬於中國者（千非幣單位） | | | | | | |
| 交通銀行 | 一、〇〇〇 | 一、〇〇〇 | | | 上海 | 馬尼拉 |
| 中興銀行 | 一〇、〇〇〇 | 五、七一三・三 | | | 馬尼拉 | 上海、廈門、 |
| 屬於英國者 | | | | | | |
| 麥加利銀行 | | | | 一八五三 | 倫敦 | |
| 匯豐銀行 | | | | 一八六七 | 香港 | |
| 屬於日本者 | | | | | | |
| 橫濱正金銀行 | | | | 一八八〇 | 橫濱 | |

越南：

| | | | | | | |
|---|---|---|---|---|---|---|
| 屬於越南者（千法郎單位） | | | | | | |
| 印度支那銀行 | 一二〇、〇〇〇 | 一二〇、〇〇〇 | 一二六、一八二 | 一八七五 | 巴黎 | 巴丹孟、芹苴、海防、河內、順化、南定、百靈奔、廣和、西貢、新和、茶鱗、義安、廣東、北平、上海、天津、昆明、廣州灣、香港、曼谷、昭南、 |
| 中法工商銀行 | 五〇、〇〇〇 | 五〇、〇〇〇 | 三、八三七 | 一九二二 | 巴黎 | 西貢、百靈奔、海防、河內、 |
| 印度支那動產銀行 | 一〇、〇〇〇 | 一〇、〇〇〇 | | 一九三〇 | 西貢 | |
| 印度支那不動產銀行 | 一一〇、〇〇〇 | 一一〇、〇〇〇 | 一五、八七〇 | 一九二三 | 巴黎 | 河內、海防、西貢、曼谷、百靈奔、 |
| 印度支那農商金融公司 | 一〇、〇〇〇 | 一〇、〇〇〇 | | 一九一九 | 巴黎 | 西貢 |
| 樹膠金融公司 | 二〇〇、〇〇〇 | 二〇〇、〇〇〇 | | 一九〇九 | 不魯塞爾 | 西貢 |
| 西貢銀行 | 五〇、〇〇〇 | 五〇、〇〇〇 | | 一九二六 | 西貢 | 西貢 |
| 中法實業銀行 | 一〇、〇〇〇 | 一〇、〇〇〇 | 一〇、七九四 | 一九一三 | 巴黎 | 西貢、河內、海防、中法合辦、 |
| 法國內殖民地金融公司 | 九六、〇〇〇 | 九六、〇〇〇 | 一五〇、〇〇〇 | 一九二〇 | 巴黎 | 西貢、海防、河內、百靈奔、（中業投資銀行） |
| 屬於中國者（千元單位） | | | | | | |
| 富滇銀行 | 五、〇〇〇 | 五、〇〇〇 | 三、〇〇〇 | 一九一二 | 昆明 | 海防 |
| 屬於英國者（千港幣單位） | | | | | | |

69

| | | | | | | |
|---|---|---|---|---|---|---|
| 匯豐銀行 | 五〇、〇〇〇 | 二〇、〇〇〇 | | 一八六七 | 香港 | 西貢、海防、 |
| 東亞銀行 | 一〇、〇〇〇 | 一〇、〇〇〇 | 一、二〇〇 | | 香港 | 西貢、海防、 |
| 麥加利銀行 | 三、〇〇〇 | 三、〇〇〇（千鎊單位） | | 一八五三 | 倫敦 | 西貢、海防、 |
| 泰國： | | | | | | |
| 屬於泰國者（千銖單位） | | | | | | |
| 匯商銀行 | 三、五〇〇 | 三、五〇〇 | | 一九〇六 | 曼谷 | 靑邁、喃邦、 |
| 官立儲蓄銀行 | 一、五二七 | | | 一九一三 | 曼谷 | 童頌、柯叻、 |
| 屬於中國者（廣東千港幣單位、華僑四海通千叻幣單位） | | | | | | |
| 廣東銀行 | 一一、〇〇〇 | 八、六六〇 | 一、〇〇〇 | 一九三七 | 香港 | 曼谷 |
| 華僑銀行 | 四〇、〇〇〇 | 一〇、〇〇〇 | | | 昭南 | 曼谷 |
| 四海通銀行 | 二、〇〇〇 | 二、〇〇〇 | | 一九〇八 | 昭南 | 曼谷 |
| 屬於英國者（匯豐千港幣單位、麥加利有利千鎊單位） | | | | | | |
| 匯豐銀行 | 五〇、〇〇〇 | 二〇、〇〇〇 | 一〇、〇〇〇 | 一八六七 | 香港 | 曼谷 |
| 麥加利銀行 | 三、〇〇〇 | 三、〇〇〇 | 三、〇〇〇 | 一八五三 | 倫敦 | 曼谷 |
| 有利銀行 | 三、〇〇〇 | 一、〇五〇 | 一、二四九 | | 倫敦 | 曼谷 |
| 屬於法國者（千法郎單位） | | | | | | |
| 印度支那銀行（卽東方匯利銀行） | 一二〇、〇〇〇 | 一二〇、〇〇〇 | 一二六、〇〇〇 | 一八九七 | 巴黎 | 曼谷 |
| 印度支那不動產銀行 | 一一〇、〇〇〇 | 一一〇、〇〇〇 | | 一九二七 | 巴黎 | 曼谷 |

## 十、進出口押滙與銀行手續

### (甲)押滙信用保證書

押滙信用保證書(Letter of Credit)者、由進口商之銀行、爲加强進口商之信用起見、規定於一定期間及限定金額、對出口地之銀行保證其進口商信用之證書也、銀行以其本身之信用、代顧客保證一定限度內欵項之承付、謂之保證業務、如押滙信用保證書之發行、票據之承付等均是、信用保證書之發行、大都由銀行所在地之進口商、向外埠商人(即出口商)購進貨物時、恐外埠商人及銀行不明瞭其信用狀况、故請求銀行簽具一信用保證書、以爲擔保、外埠商人運貨到埠時、本地商人所應承付之滙票、可由銀行代爲承付、蓋因銀行信用較商人爲佳、故外埠商人及承受此項貨物押滙之外埠銀行、對此應收之貨物、均可無慮其不能償付也、

銀行代客承付票據、起因於信用保證書之發行者居多、此外亦有商人與銀行預訂契約、規定商人發出滙票時、得由銀行承付者、凡此二種、在約定時期、均當由商人預付保證品於銀行、於票據到期前、又應由商人將該項票欵、交付於銀行以資償付到期票欵、

在以裝船貨物爲擔保品而發出押滙滙票之際、出口商應負滙票上之一切責任、直至外埠進口商認付且已支付爲止、進口商倘拒絕支付而致滙票不能引渡時、出口商對押滙銀行應負完全賠償之責、因此雙方在買賣契約中、每有要求進口商先行發送信用保證書之條件、出口商以此信用保證書即向銀行作押滙、然出口商對進口商之信用固認爲滿意矣、

發行押滙信用保證書之內容、大都包括(1)滙票之金額、(2)滙票之種類、(3)滙票之期

限、(4) 進口商之發行銀行、(5) 出口商之使用有效期限、以及其他應負責任等條文、該項條文、對出口商押滙滙票之發行、極有拘束、皆有明文規定、故出口商於接到信用保證書後、對於書中所載各項條文、均應細加研究也、

(乙) 進口押滙與委託購買證書

進口商人向國外廠商或出口商人、購進貨物時、普通得向本國銀行請求開發信用保證書、由銀行承受滙票而爲進口押滙、但信用保證書通行於歐美各地、遠東各地大都應用委託購買證書(Authority to purchase)、寄交本行國外往來之代理銀行 (Agent or Correspondent)、請其於本行存款內撥款購買外國出口商之滙票、然後連同滙票及各項單據、寄交銀行、而向進口商收款、此項滙票、在國外同業購入時、並不將貼現息扣除、祇於票面上規定一定之利率而已、到達本埠時、向進口商、按外幣計算、收取本銀及利息、故進口押滙、均先由銀行發行委託購買證書、再由銀行與進口商間辦理付款取貨各項交易、至於受國外銀行之委托代收跟單滙票、則爲代理收款而非進口押滙矣、

委托購買證書者、係請求國外銀行、撥銀行存款之一部、代購滙票及代理收受各項押滙單據之證明書也、普通委托購買證書中所載各項、除總金額、期限、滙票出票人、付款人、貨物等外尙有下列各項條件、玆述之如下:

一、可取銷與不可取銷 (Revocable or Irrevocable)

委托購買證書發出後之期間內、或可由發行銀行隨時通知取銷、或在發行後之有效期間內永久有效、前者稱爲可取銷、後者稱爲不可取銷、

二、可追索或不可追索（With or Without Recourse）

委託購買證書發出後、國外銀行代為購入該項滙票、連同押滙單據寄到時、設押滙付款人不能付欵、則或可將貨物退還原地、而直接向押滙出票人（即押滙收欵人 Beneficiary）退索滙票票欵、或則不能向押滙出票人追索、祇可由發行委託購買證書銀行與進口商人間交涉、前者稱為可追索、後者稱為不可追索、

三、保證或不保證（Confirmed or Unconfirmed）

普通國外銀行僅據我國銀行之委托購買證書、以通知出口商而已身不負任何責任、但如進口商於請求開出委托購買證書時、指明須由國外通知銀行負責擔保者、則辦理進口押滙之銀行可於其所委托購買證書中如此指定、國外通知銀行亦即照辦、但手續費較高耳、前一種名為不保證委托購買證書、後一種名為保證委托購買證書、凡保證委托購買證書均為不可取銷委托購買證書、惟不可取銷委托購買證書不必皆有通知銀行擔保也、

附註：委托購買證書內所有關於取銷追索等項文字、大致有二種說法、開證書時當將各不必要之文字劃去、

進口商於請求銀行開給委托購買證書時、應先填具申請書交於銀行、銀行經調查後、認為該商信用佳良者、即可將購買證書發出、亦有尚須該商覓具保證、繳納保證金者、銀行於發出購買證書後、如接到國外代理銀行寄來之押滙單據時、即將滙票交由進口商人承兌、承兌後即當發出通知報告國外銀行、此後報關上棧等一切手續、與國內代收押滙無異、而進口商即可分期購貨辦法贖取貨物、

進口押滙分期贖取貨物時、大率以本國貨幣十日期莊票、略按滙價及貨物價格贖取、此項預贖之欵、銀行當記入預贖進口押滙科目內、并按往來存欵利率算給利息、至滙票期滿或滙票未滿期前、進口商人可與銀行結淸滙票、即按照是時滙兌行市、將滙票金額折成國幣數、付淸未付欵項以提取全部貨物、此時進口押滙即已全部結束、銀行應再發函通知國外代理銀行知照、

（丙）出口押滙與滙票

出口押滙多係本埠出口商、先接到海外進口商寄來外國銀行之商業信用證（Letter of Credit）、然後連同貨物之提單（Bill of Lading）、保險單（Insurance Policy）、發票（Invoice）以及其他各種證明書（Certificates）等文書、向銀行請求押滙、但亦多不憑外國銀行之信用證書、總之其一切處理方法及條件、須完全以雙方所訂之貿易契約爲根據、悉與國內押滙相同、出口商既遵照契約履行種種手續、待貨物運出後、即應思及如何收取貨欵、查收取貨欵之方法頗多、有者事實上殆不可行、有者因種種之問題而感不便、但在今日信用制度興盛之時代、金融機關到處發達、商人得以利用出口押滙、爲貿易上收取貨欵最通行之方法、出口押滙既爲出口商收回貨欵之唯一方法、務求使其流通證券化（Negotiable Instrument）、又可以此爲簽發滙票之擔保品、辦法極爲穩妥、且亦頗感便利、此種押滙滙票、並可以買賣之形式、實與滙兌銀行而取得貨欵者也、

（丁）滙票種類及其關係人

滙票者爲債權人對債務人、命令於某一指定日期、對某第三人支付限定票面金額之證券也、其中以出口貨物爲擔保品而簽發之滙票、謂之押滙滙票（Documentary Bill）、其所附之擔保品、爲代

表擔保貨物之裝船書類（包括提單、保險單、發票以及其他證書等文件）、售與滙兌銀行、自其性質上言之、此種滙票（Bill or Draft）、實係一種附擔保品之未到期之滙票、關於此種滙票之關係人、計有（1）簽發滙票之債權人、即出口商爲出票人（Drawer）、（2）負債人即進口商爲受票人（Drawee）、（3）付款人（Payer）、即滙兌銀行或其他付款機關、但押滙滙票、依信用保證書爲根據而發行者、則須以信用保證書之簽發銀行兼爲滙票之受票人及付款人、

滙票之種類甚多、依（1）支付期限而分者、分爲即期滙票（Sight Bill or Demand Bill）與定期滙票（Term Bill）兩種、即期滙票者、款項必須見票即付、不得延誤或改期、定期滙票者、款項須於到期時、方得照付、（2）按滙票發行人而分者、分爲銀行滙票（Bank Bill）與私人滙票（Private Bill）兩種、銀行滙票者、係由銀行當局所簽發、私人滙票者、乃由私人或私人機關所發行、（3）以擔保品之有無而分者、分爲擔保滙票或押滙滙票（Documentary Bill）與信用滙票（Clean Bill）、擔保滙票或押滙滙票者、須附有擔保品、而信用滙票者、則全憑信用爲本、並無任何擔保品、（4）以票面貨幣種類而分者、分爲英鎊滙票（Sterling Bill）、金元滙票（Gold Dollar Bill）、法郎滙票（Franc Bill）、馬克滙票（Mark Bill）、日圓滙票（Yen Bill）等數種、

又有以押滙書類之引渡方法而分者、譬如當將押滙滙票之代表擔保貨物之裝船書類、附加於滙票與買主引渡時、務須審察買主之信用如何、以便採取適當處置辦法、其處置辦法有二：（1）於買主承認支付後、交付裝船書類、（2）滙票款額付清後、交付裝船書類兩種、銀行購進此種滙票後、連同裝船書類、一併送交支付地方滙兌銀行之支付銀行或關係銀行、以應付款人於某指定日期前來付款

時、交換裝船書類、此種附有裝船書類滙票之引渡辦法亦有兩種、屬於前者謂之押滙承兌滙票（Documentary Acceptance Bill）簡稱D/A滙票、屬於後者謂之押滙付欵滙票（Documentary Payment Bill）簡稱D/P滙票、此種滙票之認付渡（Documents to be delivered against acceptance）或支付渡（Documents to be delivered against payment）、大都先由辦理押滙人在申請書上預先指定、凡關滙票之種類、及其詳細條件辦法等、均須書明、但銀行方面購進此項滙票時、而認引受渡爲不可時、銀行當局可即通知當事人、令其改爲支付渡、

在辦理押滙之間之當事人、對於書類交付方法、並無指定者、銀行方面可以無須通知當事人、逕行支付渡可也、但據信用保證書而發生者、雖未經指定、亦須採取引受渡爲貿易上普通習慣之常例也、

使用押滙滙票、每用一組、蓋在出口押滙之際、即作成相同之滙票二份或三份爲一組、分交不同之舟車或不同之航路發送、其中以任何一份先到者爲付欵之憑證、其餘後到者、即行作廢、情因出口押滙遠隔重洋、途中難免遭遇不測事故、苟能用此辦法、凡滙票在途中運送之毀壞、遺失、或遲到等損失概可免除、

十二、出口貨物之報關手續

出口商如有貨物運輸出口時、須向當地海關呈報貨物出口、至於呈報辦法及手續、須依海關出口呈報單之程式及其程序、按項填寫清楚、關係人之名稱、貨名及其數額、務求準確、必須與所報之貨物相符、然後簽名蓋章、連同裝貨單（Shipping Order）、送交海關、裝貨單者、爲出口商請求船

方裝貨之單據也、每單分爲二聯、一聯須交船主、作爲收貨之證、其他一聯即係裝貨單據、該單未經海關當局簽字蓋印之前、通例一概禁止船方裝載貨物、海關於編號之後、即行簽字蓋章、並註明在何處碼頭等候海關查驗等字樣、事前須將所報運之貨物送至該指定碼頭、聽候關員查驗、一俟接到檢驗員報告認爲合格後、再按貨物之種類、等級、數量、或價值、照稅則計算其正附稅項之總額、簽發驗單、換繳稅收、一切手續悉與進口程序無異、最後由關方發給蓋印之裝貨單、爲出口貨物報關手續完畢之證也、

海關整理報單之方法、則有外洋與國內之別、倘往外洋時、海關將報單與商船提出之出口貨單、互相核對而整理之、若往國內各口時、則按照報單所載貨物、先登記於出口貨總單之上、之後再與出口貨單互相核對、倘無錯誤、即將總單及土貨出口收稅單、或已完正稅憑單及土貨免重徵執照、洋貨免重徵執照、或機器廠貨免重徵執照、加封交與船主、令其於復進口時、一併呈驗、此項單據執照、遇有遺失、須預存相當之保證金、以俟查復或所卸之貨、有與總單不符者、照章處罰、

出口報單之程式、如貨名、種類、品質、數量、重量、積量、價值、署名等項、概與進口者無異、所與進口不同者則有以下三種：（1）裝貨單之號數、在進口報單上所載者、爲提單之號數、在出口報單上所載者爲裝貨單之號數、（2）輸往地名者、即運貨之目的地也、應與出口貨物之包裝上所載之地名相同、（3）出口貨之價値爲交船價值、即於原貨價外、包括水脚、佣金、及出口稅之價值也、惟水脚、佣金二項、規定須照貨之市價加百分之七、故出口報單所載、應以當地市價之批發價爲標準、

## 十二、出口貨物之裝運手續

出口商旣定裝貨之船名後、其所需裝貨噸位、須於事前逕向船行接洽之、倘遇大批貨物、需要多量噸位時、應預向船行情商、於船未抵港口之前、以便先電致該船船主、預定欲裝之噸位、以免臨時退裝之虞也、

所裝噸位旣已定妥、須由船行簽發裝貨單、該單又與裝貨收據相聯、詳塡所裝貨物之名稱、品質、數量、件數等、之後連同海關出口呈報單、一併呈交海關、等關方在裝貨單上蓋印之後、貨物始可裝船、

倘有貨物交外洋輪船裝運時、普通可在輪船未到二三日前、先行報關、辦理一切手續、同時繕就過尺單、或過磅單、可向航海公會所指定之平準公司、接洽過尺或過磅手續、以便期前計算裝運水脚等費、

外洋輪船每因噸位數多、吃水量深、船身龐大之故、大都停於口外、或港內浮筒、亦間有停泊碼頭者、因此出口貨物大都在驗關房內驗關、出口貨物檢驗完畢後、立即裝於駁船、等海關將裝貨單蓋印發下後、再交駁船公司向外洋輪船裝貨、俟貨物完全裝淸後、再由船主簽發裝貨單、然後持收貨單逕向輪船公司換取提單、最後寄交收貨人、以備船到提貨、

倘欲先取提單、擬將提單托原船帶交收貨人者、於貨物未裝之前、可致函輪船公司詳述一切、並擔保在貨物運輸到埠後、貨物倘有缺少損傷等情發生、均照收貨單爲憑辦理之、

如出口貨物爲貴重物品、務須先聲明與船行接洽、裝船時船主當負保護之責、必須裝於保管庫內

、以防不測、但運費須照所裝貨物之估價百分之四•五計算、收取水脚、

所裝貨物倘屬危險性者、亦須事前與船行情商、非經其核准不可、至於准裝艙內或裝甲板之上、悉聽船主之便、須與其他貨物隔離、以免危險、運費照普通貨物加倍、收取水脚、

出口商倘裝運過重貨物時、事前須預與船行及船主接洽辦法、籌備運送器具、及裝卸機械設備、例如重量之起重機、鋼製滾筒、鐵槓、鐵撬、底盤車輪等、以便裝運、而維安全、但水脚亦須例外收取、

倘有小件貨物、重量不過五十磅、體積不過二立方英尺者、亦可託交輪船寄運、收取水脚較爲低廉、而轉運亦極感便利、但過小之包件、仍作郵包寄遞爲宜、

一切裝運貨物之辦法、條件、法規、通例、情形等、均有一定之規則或習慣、倘輪船途中遇險、船主有隨時將貨物毀壞或拋棄海面之權、處此境況之下、輪船公司不負任何賠償損失之責也、

## 十三、出口貨物之保險手續

當貨物運輸出口之時、途中每有不測事故發生、欲免此種意外之損失起見、事前不得不向保險公司申請海上保險、查海上保險須先由貨主以其保險之種類及目的、向保險公司申請保險契約、經保險公司調查認可後、雙方遵守一切之條件、按規定之保險率收取保險費、自此海上保險契約立即完成、

保險公司備有規定格式之申請書、以便貨主申請保險時之用、按條填寫清楚、及記載必要之事項完畢後、由出口商署名蓋章、提交保險公司核准之、出口商對填寫申請書時、必須謹愼從事、每項務須細加考慮、然後塡寫之、因申請書所載文字爲保險公司轉載保險單之確實根據也、

查申請書普通之記載有以下數項：

（1）保險金額—計算保險金額之方法、平常以裝貨時之發票總值爲根據、至於進口後之銷售利益之保險金額、倘須加保險金額之一成合併計算之、此種超過保險金額之保險、又稱爲過額保險、

（2）保險物品—關於此項普通所記載者爲品名、價格、數量、包裝之標記方法、及其號碼等項、

（3）保險人負擔之危險—查損害塡補之種類甚多、若遇危險時均須按照買賣契約條件、及各種情形與保險人折衝進行之、倘須附加盜竊、損壞、兵事等特別保險者、亦須事前訂明之、

（4）船名及其情形—包括船名、種類（帆船或輪船）及其開船日期等、

（5）貨物輸出地與輸往地、及其經過地—凡關船之出發地名、日期、及貨物抵達地名、日期、及其經過地名、均須註明、

（6）途中換船地名及其船名—爲轉運便利起見、中途倘須換裝船隻時、亦須事前註明換船地名及其船名、

（7）支付保險費之地點—若須支付保險費時、關於支付地點、亦須預先指定、普通以其營業地爲保險費之支付地點、

（8）保險費率—此項由保險公司計算記入之、

（9）保險人之姓名—此項應由保險人親自塡入、

（10）保險契約人—保險契約人之姓名、行名、地址等亦須塡入、

（11）申請日期—此項乃記明申請保險時之日期、

（12）保險單之份數—對保險單之張數、需要多少、亦須註明、例如貨物運往歐洲者需要三張爲一組、美洲者二張爲一組、

倘將以上所述申請書之記載各項必要事件塡就後、即送交保險公司、經其調查無訛表示認爲滿意後、立即發一申請接受書、記入接受號數、及其年月日之接受日期、照此已成之契約、再簽發保險單與投保人、途中果有任何不測事件發生時、一切皆遵照保險契約所載各項辦法辦理之、此外雙方倘遇有不可解決之糾紛時、則可挽請航業公會、保險公會、運輸公會、商會、以及聞人等出而評判、以仲裁辦法會同公斷之、

## 十四、出口貨物之包裝方法

出口貨物運往國外市場、其間須經長時期之轉運、始能抵達目的地、倘包裝（Packing）不良、貨物最易發生種種破碎或損壞等情、非但貨物損失不貲、且雙方往往因此發生糾葛而失和睦、職是之故、對於出口包裝之研究、不可不加重視也、查包裝之目的、在乎求以最經濟之費用、充份包裝出口貨物、使其於長途海陸運送之中、完成保護貨物之責任、至於如何使其完成此種責任、下列各點、不得不加以研究：（1）按包裝貨物之性質、形狀、容量、重量、數量、加以研究後、再選擇最適當之包裝方法、（2）選擇包裝材料、務須經濟、配合實用、並須適應出口貨物之包裝、（3）容量及重量方面務求適度、及合配安排包內之貨物、以符搬運及處置之便利、（4）對於包裝費用須加考慮調查或精審研究、（5）對需要市場上之同類貨物之包裝如何、更須研究之、以應其心理及習慣而使推

銷、(6)貨物包裝與通關之關係、務須符合條件、以便利進出口地點通關之阻礙、(7)關於包裝上之印刷及標記、更須深知本國與關係國之法規及習慣常例等、

(甲)包裝之種類

出口貨物之包裝、普通可分爲內裝與外裝二大類、內裝者乃指一包裝物件內所容納之各個單位小包裝而言、外裝者係指一包裝物件之外部包裝而言、內裝須依貨物性質而定之、遇有可以施用包裝塡塞者、則用捆、紮、包等方法皆可、總之種類繁多、不勝枚舉、以適合貨物性質爲標準、外裝無非預防貨物變質腐壞、破碎、損壞等弊端、以求保全貨物之數量、保持貨物外觀之整潔、期達運送目的地與保管及攜帶之便利、外裝依貨物之種類及形狀、大概可以分爲以下數種：

(1)箱裝—此爲貿易中所採用最廣者之木箱也、木質務求輕柔並富有彈力性、不含膠質而不吸收冷熱潮濕氣者爲最適宜、如遇長途運輸時、依貨物之性質或種類如何、可在箱外加釘橫木、鐵帶、鐵絲、草繩、草蓆、或蔴布等物、箱內又可加以塡塞之物、或襯以鉛皮、以防震動及潮濕、或冷熱氣之侵入、

(2)桶裝—運輸流質貨物、大都採用桶裝、桶之尺寸則分大中小三種、圓桶則以杉或松木製成、外裹以竹篾或鐵皮、以便滾運而保護內裝貨物免於損壞、

(3)捆裝—捆裝多數採用蔴布、粗布、蓆張等、裹捆於貨物之外、事前先用打包機將貨物壓榨之、使其縮小容積、襯以油紙或其他避水材料後、再捆紮之、必要時得加鐵帶、鐵絲、籐皮或蔴繩緊縛之、

（4）袋裝—施用袋裝者大都爲麵粉、米穀雜糧、砂糖、肥料、以及其他粒狀或粉末狀等類之貨物、

（5）罎裝罐裝瓶裝甕裝—用上述方法包裝者大都爲飲食品類、化學品、工業原料、以及藥材用品等物、罎裝則係陶磁所製之各種罎器、用以盛裝貨物者、罐裝則有鋼、鐵、鉛皮、馬口鐵等各種形狀之罐頭盛裝貨物、瓶裝及甕裝則用玻璃瓶或陶磁器之甕作爲容器、

（6）盒裝—盒裝大都採用硬板紙、空心紙、木板片、或馬口鐵等、製成各種形式之盒子、用以包裝貨物、按貨物之性質、重量、數量如何、定其容積之大小及用料之厚薄、

### （乙）材料之選擇

包裝材料之選擇條件、第一須視商品之性質而定之、第二須依各貨之包裝種類而採選之、材料務求堅實而少破裂性者、完整無節而無吸收力者、爲最適當、容積及重量務求輕重適度、合乎船口之大小與起重機之强弱、包裝費用在可能範圍內務求最少、如費用要求過多、反而引起主顧之惡感、在普通雜貨之包裝費而言、大都不出原價百分之三、

### （丙）標記之種類及意義

標記者乃包裝外部所蓋之戳記號數文辭之總稱也、其用意目的、在使運輸人或管理貨物人、容易分類識別、免與他種貨物混亂參雜也、按其類別可分爲以下數種：

（1）總標記—總標記者爲輸出者所通用之包裝外主要之標記也、大都以各種不同之圖形表示之、例如圓、方、菱、三角、六角、八角等形爲記、

(2) 副標記—在總標記上加蓋副標記號、以補總標記之不足、以資識別、而便運送、

(3) 品質標記—在總標記下、再加蓋某種指定戳號、表示貨物之品質等級者稱爲品質標記、

(4) 港口標記—此爲表示包裝貨物運往地點之記號也、使運輸人或管理貨物人、一目瞭然、俾可預防貨物過港漏提、或未達先行起貨等弊端、

(5) 注意標記—在主要標記之外、再附加各種引人注目之文句、使人對該包裝貨物在運送中隨時加以當心或注意之標記也、此種文句普通大都加蓋於包裝之側面又稱爲「側邊標記」、例如「搬運當心」「禁用鈎子」「勿着潮濕」「勿着熱氣」「保持冷度」「勿見陽光」「務須輕放」「不可重壓」「務須放平」「易腐貨物」「易燒貨物」「危險貨物」等等、除此以外、尚須加蓋生產國之國別名稱、例如「中國製造」或「美國製造」等字樣、必要時並須附加重量記號、例如「毛重」(Gross weight) 若干、或「淨重」(Net weight) 若干等標記、以免各港口及關站之留難而便運輸也、

十五、商業文件之種類及其用途說明

商業文件 (Commercial Documents) 者、爲貿易上必要之文件也、其種類殊多、大都包括提單、保險單與發票三大種、總稱運輸文書或裝船文書 (Shipping Documents)、提單者乃代表運送貨物之物權證書也、發票者爲表明運送貨物之內容及記載交易經過之證書也、保險單者爲保險運送貨物之契約證書也、除上述三種必要文書外、有時以環境上之需要、尚加多種附屬文書、而便商業上之利用、茲將各種附屬必要文書、分析於下:

(甲) 提單

（1）提單—包括海陸運輸之提單、以備提取貨物之憑單也、

（2）提單及郵包單—向郵局領取包件之郵包單或提單、

（乙）保險單

（1）海運保險單—保險運送裝船貨物之保險單、

（2）保險證明書—記載各項保險事務、加强流通力之證明書、

（丙）發票

（1）商業發票—貿易上使用之一切發票、

（2）附屬文書—附加其他詳細雜項之附屬單據及文件、

查發票之種類殊多、名稱各異、今欲明瞭其意義及用途起見、不得不分門別類加以分析而說明之、玆將發票種類按其性質分析列表於下：

發票：

（甲）國內商業發票（Domestic or Inland Invoice）

（乙）國際貿易發票（Foreign Invoice）

（子）商業發票（Commercial Invoice）

（一）裝船發票（Shipping Invoice）

（二）計算發票（Pro forma Invoice）

（A）出口及進口發票（Expert Invoice & Import Invoice）

(1) 出口港船邊交貨價目發票 (F.A.S. Invoice)

(2) 出口港船上交貨價目發票 (F.O.B. Inve ce)

(3) 出口港當場交貨價目發票 (Local Invoice)

(4) 進口港包括運費保險費價目發票 (C.I.F. Invoice)

(5) 包括運費價目發票 (C.E.F. Invoice)

(6) 包括運費保險費與佣金價目發票 (C.I.F.E.C. Invoice)

(B) 委託發票 (Commission Invoice)

(1) 委託販賣發票 (Consignment Invoice)

(2) 委託購買發票 (Indent Invoice)

(丑) 公事發票 (Official Invoice)

(一) 領事簽證發票 (Consular Invoice)

(二) 報關發票 (Customs Invoice)

玆將各項發票之用途、加以說明如下：

國內商業發票—發票用於國內商業交易者謂之國內商業發票、內容較國際者簡單、僅記貨物之名稱、單位、數量、及其總數量、單位價值、及其總價額、發票號數、主顧名稱、發貨行名、折扣、佣金、運輸條件、付款辦法、以及其他記載等等、均須詳爲填寫、歸卷備查、爲交易上貨物款項授受唯一之證書也、國際貿易發票—發票用於國際貿易交易者謂之國際貿易發票、國際貿易之範圍較國內者爲遠廣、包裝運輸之方法、各方對於貨物授受之手續及其責任、亦極複雜而重大、出口商所簽之發票又不若國內發票之簡單、除發票上應有之各項條欵外、且附帶其他特殊性質、故其形式內容亦較繁複、因此國際貿易所使用之發票決非單純之文書、乃爲附於發送貨物詳示重要事項之清單、依成本及雜費揭示價格構成因素之計算書、又爲履行貿易契約之證明、

商業發票—直接用於商業交易之發票、謂之商業發票、

裝船發票—此種發票遵照貿易契約所載之運輸條件或裝船辦法、完成貨物授受之責任、非但爲履行契約之證據、且可作爲裝船書類之發票也、

計算發票—此種發票爲出口商對進口商引渡貨物之計算書、因其兼有清單及計算兩種性質與作用關係、構成押滙擔保書類之一、如果缺乏此項發票時、常被銀行拒絕接受或拒絕承付、

出口及進口發票—若按貿易業務性質而言、此種發票又可分爲：（一）直接貿易之出口發票與進口發票、（二）間接貿易之委託販賣發票及委託購買發票、屬於前項者又分爲：

（1）出口港船邊交貨價目發票—此種發票所開之貨價、乃在出口港內由出口商將貨物送到碼頭船邊交貨爲止之謂也、

（2）出口港船上交貨價目發票—此種發票所開之貨價、乃在出口港內由出口商將貨物送至船上交貨爲止之謂也、

（3）出口港當場交貨價目發票—此種發票所開之貨價、乃在出口港內買賣成交時當場交貨之謂

也、

（4）進口港包括運費保險費價目發票—此種發票所開之貨價、乃包括進口港運費保險費在內之謂也、

（5）包括運費價目發票—此種發票所開之貨價、乃指運送貨物之一切運費、均包括在貨價以內之謂也、

（6）包括運費保險費與佣金價目發票—此種發票所開之貨價、乃包括運費保險費及佣金等在內之謂也、

委託發票—憑委託書授權於人、請代爲執行買賣貨物時所用之發票也、

（1）委託販賣發票—此種發票用於委託販賣貨物、

（2）委託購買發票—此種發票用於委託購買貨物、

公事發票—此種發票用於領事館、工商會、海關、以及其他官廳機關有所查證時所用者謂之公事發票、

領事簽證發票—此種發票於請求領事簽證貨單時用之、但須繳領事簽證費若干、

報關發票—此種發票於報關完稅時用之、以便領取稅單准許出口、

除上述各種發票外、尚有廠家或製造者之發票與原發票樣品發票等數種、此乃用於普通商業者、而在國外貿易上僅作證明之用耳、

（1）證明書

（1）公事送貨單—包括領事簽證單及報關納稅單等、

（2）出口許可證—經當局批准、許可裝運貨物出口之證明書、

（3）原產地證明書—證明貨物之原產地點之證明書、

（戊）商業發票附屬單據

（1）各項運輸清單—包括運輸上一切應用之清單、

（2）各項帳目清單—包括一切帳目往來之計算清單、

（3）各項欠單與存單—包括貿易往來手續上一切雜費之存欠單據等、

（己）其他文書

（1）裝船說明書—關於裝船之種種情形或條件說明、

（2）押滙說明書—關於押滙一切情形及條件說明、

發票爲國內外貿易內容之詳細記錄、不但記載貨物之名稱、性質、品級、積量、數量、重量、標記、號碼、單位價值、總計價值、輸出及輸入地點、收貨者及發貨者之姓名、商號、地址、包裝方法、付款條件等、無不詳載其上、且表示履行契約之各項事務、例如價格條件、折扣、運輸辦法之種類、裝貨時期及船名、保險種類、及保險金額、保險公司名稱、及保險人之姓名、押滙種類、條件、及押滙銀行之名稱等、均須深加注意或保存之、一旦發生糾葛之時、此等單據在法律上即發生效力、又係唯一之鐵證也、

# 第二章　菲律濱羣島

## 一、概論

### （甲）地理之位置

菲律濱羣島橫於太平洋中、在中國之東南方約六百哩、北緯五度至二十度之間、該羣島包括大小島嶼約七千左右、大部爲小島、其中有許多無名之小島、以其面積之細小、故並不著聞於世、主要之島爲：呂宋島（Luzon）面積計四〇、八一四方哩、棉蘭姥島（Mindanao）面積計三六、九〇六方哩、三描島（Samar）面積計五、一二三方哩、尼格羅島（Negros）面積計四、九〇二方哩、巴撈溫島（Palawan）面積計四、五〇〇方哩、班乃島（Panay）面積計四、四四八方哩、民都洛島（Mindoro）面積計三、七九四方哩、禮智島（Leyte）面積計二、七九九方哩、宿務島（Cebu）面積計一、六九五方哩、保和島（Bohol）面積計一、五三四方哩、馬示描地島（Masbate）面積計一、二五五方哩、

### （乙）人口與物產

菲律濱羣島之面積總計約二九六、二九四方公里（一一四、四〇〇方哩）、據一九三六年人口調查報告所載、人口總計一四、七三一、三七一人、人烟之密度、每方公里平均爲五〇人、原始人種（Pre-historic origin）幾佔百分之八十、矮小人種（Pygmies）佔小數、而東印度羣島人（Indonesians）與馬來人佔其大部份、餘者百分之二十、華人佔一半、印度人及阿剌伯人佔一半、查此兩種人、來此之時期、早在十二世紀以前、其他人種爲歐美人、華人約有二〇〇、〇〇〇人、日人約有一六、〇〇〇人、美人約有六、〇〇〇人、西班牙人約有四、〇〇〇人、永遠居住菲島之英人（包括印度人）約有二、〇〇〇人、菲人祇有一、二五〇、〇〇〇人、居於三〇、〇〇〇餘之城市中、餘者均以農爲業、散住鄉間之小村鎮內、茲將菲律賓一九二六年之土地分配、列表如下、以資研究、其分析部份、迄今仍無變動：

土地分配表

| 土地 | 面積（千公頃） | 總面積之百分率 |
|---|---|---|
| 商業森林 | 一五、九〇五 | 五三・七 |
| 非商業森林 | 二、九一四 | 九・八 |
| 耕種之土地 | 三、七一三（在一九三〇年爲三、七五七） | 一二・五 |
| 露天草地 | 五、五九九 | 一八・九 |
| 種植灌木之沼澤林 | 二七一 | ・九 |
| 未開墾之土地 | 一、二二八 | 四・二 |
| 共計面積 | 二九、六三〇 | 一〇〇・〇% |

耕種面積之擴大、乃隨人口之生長而增進之、自一九一〇年至一九三〇年耕種之土地、增至一、

四八九、二七一公頃、或百分之六十五、每年每人平均幾達十分之三公頃、大面積之土地而適於農業者均在下述各區：棉蘭姥島、巴西蘭島（Basilan）、三描島、膿智島、巴撈濕島、民都洛島以及呂宋島之嘉牙因河流域（Cagayan Valley）、屬此區域之殖民地、均已成爲複式之社會、經濟之要素、包括一切信用機關、土地測量、交通運輸、風俗習慣、迄今猶在開拓未定之中、該島之土地法、禁止大量種植之發展、以保持土地之完整、專爲少數菲人逐步羣居之地、決不令有財政背景之外人染指、該法又禁止公司執有土地者不得超出一、〇二四公頃以上、

該島土地、素以肥沃著名、並得列於土質最肥沃者中之一、

耕種方法乃採推廣種植法、大量生產之農業佔用極大之土地、如椰子棕之種植、業已施行、尚有極多之空地、留作種米之需、今以改進方法種植之、在其主要出口物品中以糖、蔴、捲烟、雪茄、乾椰子肉、椰子油、木材、籐爲最多、除農產品外、亦有鑛產品如金、銀、鐵、銅、鋁、錫、汞、白金、鎳格爾等、在商業基本上、祇金礦堪稱發達的開發、其他鑛源開發者極少、

（丙）馬尼剌

呂宋島上之馬尼剌城、爲菲律濱羣島之首都、亦即該島之主要港口及貿易中心、自香港抵此二日可達、自長崎須四日、自上海須五日、自爪哇須五日、自舊金山或西雅圖須二十日、以近代之便利、交通與運輸之敏捷、馬尼剌爲南洋羣島最時新之都市、碧瑤（Baguio）位於馬尼剌北約一六〇哩、爲多山省之首城、政府之夏季首都曾設於此處、

（丁）怡朗

怡朗（Iloilo）城距馬尼剌約三〇〇哩、爲班乃島上之怡朗省城、並爲糖業之中心、多半之糖係來自尼格羅島、按尼格羅島又爲菲律濱羣島產糖最要之區、與內地各部往來時均由公路或鐵路接連之、與歐洲、海峽殖民地、中國、日本、澳洲等處往來時、則有直接之水路運輸貫通之、

（戊）宿務

宿務爲歐人在菲最古之城、亦爲西人在東方最老殖民地之一、發現於一五二一年、初由麥哲倫（Magellan）所佔領、在一五六五年遂永歸西班牙所有、該城因有良港、故貿易發達、其主要貿易爲蔴、糖、乾椰子肉等業、鄰島禮智、棉蘭姥、甘馬鄰（Camiguin）等又有廣大之種蔴場、大部出產、均由宿務出口、華人及西人住於該城者爲數頗多、

（己）棉蘭姥

棉蘭姥爲第二大島、或爲羣島中之最富庶者、因地理上之障礙、種族及歷史之特性關係、各種雜色人民、又分爲許多不同區域、在該區域內、全爲邪敎徒所居住、各有奇異之修養、實爲富有趣味之民族也、棉蘭姥代表菲律濱羣島全部面積三分之一、但人口極稀、人烟之密度、每方哩平均祇二十人、最優之產蔴地、係在納卯（Davao）附近、棉蘭姥除富有廣大肥土外、又多名貴木材之森林、三寶顏（Zamboanga）爲南方最要港口、因運輸設備之完美迅速、已成棉蘭姥南部及蘇祿（Sulu）列島產品之運輸中心、尤以乾椰子肉、木材、蔴等爲最多、納卯爲該島南部之港口、曾因該處日本居留民、租佔廣大土地、並與土人通婚等事發生爭論、致引起全球之注視、日人對於納卯之改進、供獻殊多、有人曾名之曰「納卯國」、

## 經濟概況

### （甲）簡史

一五二一年麥哲倫發現菲律賓羣島、西班牙統治該島之歷史、亦始於斯時、在其環遊地球航程中、麥哲倫曾登宿務島、時爲一五二一年四月七日、當時麥君又與宿務酋長簽訂條約、後在鄰島瑪克頓（Macton）小戰中、不幸殞命、繼此之後、西班牙屢遣遠征隊征服該島、在一五六五年時西班牙之權勢、又實現於宿務、當局司令部、亦設於此、在一五六九年又將首都遷至班乃島之怡朗城、因尊敬西班牙皇太子之故、遂名該島爲阿司來司菲律濱那司（Islas Filipinas）、迨菲利浦二世（Philip II）之後、即成爲菲律濱名詞之起源矣、

一七六二年英西戰爭後、英遂佔據馬尼剌、治理二年之久、直至一七六四年又將該島讓與西班牙、一八五五年時蘇祿、怡朗、三寶顏等地開爲港口、一八六三年又開宿務港口、迨西班牙政體末葉時、因諸事須受教士支配、引起人民之不滿、後在呂宋（Luzon）及中島等處叛亂數次、抵抗西班牙之統治、但此舉不久即被壓服、

當一八九八年美國對西班牙宣戰時、美會遣派一中艦隊至馬尼剌、即將駐紮卡維脫（Cavite）之西班牙艦隊如數掃平逐出、故在巴黎條約中載明於同年十二月該島由西班牙割讓與美國、美國遂將菲律濱羣島從中世紀之經濟情形及社會組織中產生、再使此種混雜及半開化之民族、變爲文明國家之良民、

在美國和平統治之下、凡教育商業概抱自由政策、該島遂大見興盛、金融亦極穩定、適合國外貿

易之宗旨、英文爲學校規定之教授課程、成爲官商雙方最通用之言語、取代以往專擅西班牙語之重要、菲人之生活程度業已增高、彼等與世界各國逐漸熟習、因之彼等之需要、亦日見複雜、菲島教育近來猛晉、而人民之智識亦廣、皆富於進取心、凡生活之改進、及企業之機會、前途均有極大希望、美國會會以規定條理撫慰之、自一九三五年十一月起限十年之期、尤其完全達到自供自治之目的、

（乙）貿易之發展與經濟狀況

簡而言之、菲島貿易之發展、可分爲三個不同時代、自與中華貿易起迄至西人到菲時止爲最早時代、自西班牙佔領菲島起至終結止、爲第二時代、自美國統治該島起直至近來轉爲共和國止、爲第三時代、

中菲之間彼此所知、約在三千年前、該兩國貿易關係、始於菲律濱向中國朝廷進貢時起、從政治階級關係上、逐漸發生貿易上之第二種使節、該使節團體自菲帶來白銀交換中國絲織綢緞、在西班牙統治時、華人仍留有經濟勢力、除貿易外、華人在該島尚有其他之經濟利益、經過二次不幸事件、悲慘屠殺之後、華人之貿易、經濟等利益被損者頗多、

繼西人發現菲島後、復由西班牙征服之、同時西方各國之貿易亦即隨之而興、當一五二一年至一八九八年間、由西班牙統治時、係在教士團最高權威下之封建制度所執管、政府之腐敗、爲發展菲島國外貿易最大之障礙、菲島爲熱帶物產最重要之產國、因受此種限制關係、因之有幾種貿易移入西方各國、與中國之貿易對菲律賓仍佔最重要之地位、

處於美國旗幟之下、菲律濱在社會、經濟、政治各方面上、均有極迅速之改革、經濟之發展與美

國之興盛、亦係並駕齊驅、當歐戰中商業路線轉移時、在半徑二、〇〇〇哩以內之區、菲律濱成爲貿易中心、亦即美國製造品之重要主顧、菲人自與外界接近後又經美國教育制度之感動、無不猛醒開通、在美國未佔據之前、菲人決不知爲其產品向外謀出路、例如菲人雖有非凡之巧手、但對重要商品之化邊、帽、顧繡等物却無製造者、近來在新環境下之菲人、亦知由適當之分配上、物品銷售上而謀利益、手製顧繡及蔴製品每年出口值額達數百萬披索（Pesos）、同時又開發菲島天然資源及增殖財富、據云發達亦極迅速、

菲島之興盛、全在乎糖、乾椰子肉、蔴、木材、烟草等產量劇增所致、鑛產中以金子爲商業之基本關係業經開發、農業方面頗爲落後、倘與農業國比之、則相差甚遠、製造方面所供給之產品、大都爲粗製品、其中以糖、蔴、捲烟、雪茄、乾椰子肉、椰子油、木材、籐等爲最、多數人民尚未達工業時期、有者仍在原始時代、故對商等實業文化之機製品需要極少、土人之手製織物及器具等在內地用者頗多、均由大城市供給之、菲島又有大數之馬來人、華人、雜種人、高加索人、此等人民皆係用慣實業文化之產品者、此等階級之需要、大都由商業機關應付之、大量之糖、乾椰子肉、椰子油、椰粉、乾椰子、及其他產品均爲菲島之出口貨物、其進口者易以製造品與食料等貨、貿易總額在一九二九年爲六〇〇、〇〇〇、〇〇〇披索、一九三三年爲三四六、二六五、〇三一披索、一九三四年爲三八八、〇二一、四九二披索、一九三五年爲三五九、五三九、〇五九披索、一九三六年爲四七五、一四八、四五五披索、一九三七年爲五二二、六八六、〇五二披索、一九三八年爲四九六、八〇五、六四九披索、一九三九年爲四八七、九八七、七二三披索、貿易出超之盈餘使菲人之生活程度、比其他距

洲鄰國者爲甚、多半之貿易祇限與美國往來、被美國所獨佔、菲人因受教育之影響、專喜用美貨、其用量反比土貨爲多、造成到處盡力搜用美貨之習慣、至此菲島成爲美國海外貿易唯一之市場矣、其人口雖然有限、亦爲美國最優主顧之一、欲維持菲島之購買力非買美貨不可、菲律濱售與美國之基本貨物、大都以糖、椰子產品、烟草及繩索等貨爲最多、在一八九九年前菲律濱羣島輸往美國之主要出口貨爲馬尼剌蔴、自美國方面則反無貨物運菲、當此時期、對菲之貿易中國佔第一位、英國佔第二位、美國尙難佔第三位、多半在美消耗之蔴、乃運至英國、再由英船由彼運美、此種貿易程序素來如此、自菲島成爲美國殖民地後、貿易上始有變動、非但蔴業如此、即糖、烟草、乾椰子肉、木材、及其他產品、亦無不直接運至美國、再以美貨運回菲律濱、彼兩國之間非但貿易自由、市場亦係自由、決不受任何一方之限制、按菲律濱之糖、烟草、椰子肉在亞洲或歐洲市場上、皆不能與其鄰國競爭、但在美國却佔優勢、即以古巴糖及西印度羣島所產之其他物品而言、亦無不被其打倒而勝過之、此乃驚奇之事也、在他方面言之、菲律濱之市場、與亞洲任何地方之外國商店又絕然不同、彼等大都供給環球貨物、但菲島之商店——尤以較大城市者爲最——外表完全美式商店、而專銷美貨者佔多數、

菲律濱羣島與美國之貿易、性質上殊爲特異、當美國佔據三十七年之間、菲律濱貿易之生長、有驚人之猛晉、幾爲美國所專有獨享、表面視之、猶如國外貿易、但實際上、乃爲國內貿易耳、此種情形、在不久之將來十年後、菲島獨立時、即必告終止、

### (丙) 外國之投資

在菲律濱之外人投資中、以美國者佔第一、據島務局估計、美國在菲律濱之私人投資總額、一九

一四年份爲美金六三、七二五、〇〇〇元、一九二三年份進爲美金一四四、五〇〇、〇〇〇元、一九三二年更進爲美金二五七、七九一、〇〇〇元、其最後之數額、茲分列如下：

在非律濱羣島之美國私人投資表

| 種類 | 投資額 |
| --- | --- |
| 債券 | 美金一一三、九八五、〇〇〇元 |
| 製造工業 | 三五、四七四、〇〇〇元 |
| 商業建設 | 三〇、四八七、〇〇〇元 |
| 田地產 | 一二、一〇四、〇〇〇元 |
| 農田 | 一〇、六一六、〇〇〇元 |
| 森林 | 六、五〇〇、〇〇〇元 |
| 礦業 | 二、六〇九、〇〇〇元 |
| 銀行資本 | 八三七、〇〇〇元 |
| 其他 | 四五、一七九、〇〇〇元 |
| 共計 | 美金二五七、七九一、〇〇〇元 |

債券項目包括政府債務、以及鐵路、公用等債券是也、屬於製造工業者三五、四七四、〇〇〇元、投資於糖業中心及糖廠者幾達二八、〇〇〇、〇〇〇元、餘者多半投於椰油製煉廠及有關工業上、其他雜項數額包括旅館、報館、戲院及慈善機關等投資、回溯美國在非之直接投資得利極早、鐵路、

公用事業之發達在今日中爲其最大者、即以屬尼剌鐵路公司之鉅額投資而言、尚不列於該數以內、其他大宗項目包括糖與橡膠種植業之投資、以及石油與其他產品分配機關之投資、小範圍之顧繡及其他製造業、概歸於製造工業項目內、

其他國籍在菲之投資額、估計殊難準確、但從久居菲島之人口數上斷之、華人約一〇〇、〇〇〇人、美人約六、〇〇〇人、西班牙人約四、〇〇〇人、英人（包括印度人）約二、〇〇〇人、日人約一六、〇〇〇人、在下所列之數字、因資料及出版時期各異、祇可視爲大概之估計、又足代表各國在菲律濱之利益也：

| | |
|---|---|
| 美國之利益 | 五一、〇〇〇、〇〇〇英鎊 |
| 中國之利益 | 二〇、〇〇〇、〇〇〇英鎊 |
| 英國之利益 | 一〇、〇〇〇、〇〇〇英鎊 |
| 西班牙之利益 | 六、〇〇〇、〇〇〇英鎊 |
| 日本之利益 | 五、〇〇〇、〇〇〇英鎊 |

華人利益大都爲商業機關、木材與椰子產業、以及其他本地各種財富等、屬於英國者爲鐵路公債、金融機關、森林、進出口行等、屬西班牙者爲數極微、日人利益爲正在速進中之漁業、鑛業、森林、及商業等是、

## 三、商業實務與組織

### （甲）貿易之組織

菲律濱之商業組織與東印度羣島及馬來者、可云大同小異、無甚分別、進口貿易操於分配機關進口商之手、居中者爲批發商、最後售與消耗者爲另售商、其貿易程序先由進口商收進貨物分配與批發主顧後、再由批發商將貨重分配與另售客戶、如此廣布全國、再將貨物自城市中銷與各地人民、批發商須負向零售商收取帳款之責、以還進口商之帳款、

在出口貿易上、乃操於徵收機關之出口商掌中、其貿易程序、先由土人將貨物送交當地之徵收員、再由該員操作各種碾米穀、分級、分類等中間工作後、又將產品送至其主人處、在未出口之前復須加以製造手續、出口商須遵照定貨條件、掌理一切徵收運輸等事、菲島之進出口貿易、雙方均操於歐美商行之手、而本地之土人僅爲初步之生產者或最後之消耗者而已、華人與日人以中間人之重要地位、居兩者之間、調節雙方之供求、

（乙）幣制

在菲島通用貨幣之單位爲銀披索（Peso 菲律濱之銀幣）、成色爲八〇〇、含有純銀二十公分、等於美幣五角、輔幣分爲一個半披索、披西塔（Peseta 銀幣名）或二十生塔佛司（每百 Centavos 等於一披索）、中等披西塔或十生塔佛司、鎳質之五生塔佛、銅質之一生塔佛、此外尚有美國之金幣、亦爲償付公私債之法幣、菲律濱國庫券及鈔票發行單位分爲五〇〇披索、二〇〇披索、一〇〇披索、五〇披索、二〇披索、一〇披索、五披索、二披索、一披索數種、在一九三一年十二月三十一日菲島貨幣之流通額爲九九、六八六、一三七披索、金本位準備金已超過規定最低數之上、在同一日期、國庫券準備金、餘額爲八九、一三四、一〇五披索、足抵一切流動國庫券百分之一〇〇、包括銀幣數

達一二三、八〇六、四九六披索、存於美國聯邦準備制會員銀行之黃金數達七六、三二七、六〇七披索、一九三三年三月美國停止金本位時、因與美元有關、致披索與金子相連跌價、在一九三五年十二月份非島貨幣之流通額為一一六、七二二、六九三披索、一九三六年十二月份為一二九、七六四、〇二一披索、一九三七年十二月份為一六一、四八九、四二六披索、

四、國外貿易

(甲) 進出口之概況

非律濱羣島之出口額、一九二九年為非幣三二八、〇〇〇、〇〇〇披索、一九三三年為非幣二一一、〇〇〇、〇〇〇披索、一九三四年二二〇、八〇七、二七一披索、一九三五年一八八、四九一、三六〇披索、一九三六年二七二、八九六、一〇六披索、一九三七年三〇四、六三四、五六二披索、一九三八年二三一、五九〇、五五四披索、一九三九年為二四二、四五二、二六七披索、由出口貨物表中觀之、最重要者為糖、其他土產品等較少、在一九二九年糖佔出口總額百分之三二·四、查糖之出口、迄今仍在猛進之中、在一九三〇年出口之糖、約一八〇、〇〇〇公噸、迨一九三一年時進為七五二、九〇〇公噸、價值達九九·九百萬披索、佔出口總額百分之四八·一、增加四倍、在一九三二年數量一、〇一六、五〇〇公噸、價值一一九·六百萬披索、佔百分之六二·六、一九三三年又進為一、〇七八、六〇〇公噸、價值達一一八·七百萬披索、增加六倍、佔出口貿易總額百分之六〇·九、一九三四年價值一三〇·九百萬披索、佔百分之五九·五、一九三五年價值六五·九百萬披索佔百分之三五·九〇、一九三六年價值一一二·八百萬披索、佔百分之四五·四、一九三七年價值一一五

四百萬披索佔百分之三七・九、

次要者爲椰子及其產品、在一九三三年乾椰子肉佔出口總額百分之八・四、椰肉餅佔百分之一・〇、椰子油佔百分之八・六、乾椰子佔百分之一・六、其他佔百分之一九・六、一九三四年乾椰子肉佔百分之七・八、椰肉餅爲〇・九、椰子油六・二、乾椰子二・〇、一九三五年乾椰子肉佔一一・六、椰肉餅一・七、椰子油一三・九、一九三六年乾椰子肉佔一一・〇、椰肉餅一・三、椰子油一〇・一、一九三七年乾椰子肉佔一三・八、椰肉餅一・九、椰子油一三・四、當不景氣時、此貨之出口額頗受抑制、若與一九二九年之值額比之、竟跌至一半以上、該年椰產品之出口總額僅佔出口總額百分之三一・六、

第三重要者爲纖維類及其產品、由一九二九年至一九三七年之間、如蔴平均佔出口總額百分之一一・一、亂蔴平均佔百分之〇・三七、龍舌蘭平均佔百分之〇・五、繩索平均佔百分之〇・九八、草帽平均佔百分之〇・六五、其他佔百分之一〇・七、

此三種出口貨在一九三三年約佔出口總額百分之九一、如再加入顧繡百分之一・八、木材百分之・二、菸草百分之四・九、出口總額則成爲百分之九九、其他雜項則佔餘者百分之一、

上述出口貨之輸往國別、以美國之地位爲最重要、幾佔糖出口之全部、椰油出口約百分之九五、乾椰子肉出口百分之六〇、椰肉餅出口百分之五、乾椰子百分之九九、蔴百分之三〇、繩索百分之六〇、顧繡百分之九九、菸草百分之五〇、次要國別則爲西班牙、日本、英國、中國數國、所買之貨物亦係各異、大都爲乾椰子肉、蔴、烟、木、繩索等貨

在進口方面又爲不同、有許多列舉之貨物、僅佔進口總額百分之七〇、餘者部份乃私人方面所不列舉之貨物、在進口貨物表中、以棉產品爲最要、由一九二九年至一九三七年間、平均佔進口總額百分之一七・七、次者爲製造品及食料等、屬製造品者爲汽車及另件、包括車胎平均佔總額百分之五・〇七、絲製品平均佔百分之三・〇七、紙張及書籍平均佔百分之三・三七、烟製品平均佔百分之三・一三、電氣機器平均佔百分之二・五六、化學品平均佔有百分之二・二、皮革平均佔百分之一・〇七、肥皂平均佔百分之〇・五五、其餘貨物列入表中者爲石油產品平均佔總額百分之七・五、麵粉平均佔百分之三・三六、米平均佔百分之一・二五、酪農品平均佔百分之三・九、肉類平均佔百分之一・七八、魚及其產品平均佔百分之一・四六、蔬菜平均佔百分之一・八七、植物纖維平均佔百分之二・二八、水菓及硬果平均佔百分之一・三五、肥料平均佔百分之一・八七、煤平均佔百分之一・二三、由上述之進口貨物觀之、所列各種貨物、皆係該部發達民族所謂「文化」化之必需品也、美國即其各種貨物之主要供給國、在一九三六年供給進口之棉織品佔百分之四四、礦油佔百分之八五、汽車佔百分之九九、紙張佔百分之七二、菸產品佔百分之九八、麥佔百分之八〇、絲佔百分之三九、機器佔百分之八六、鋼鐵佔百分之七七、電氣機器佔百分之八六、肉及酪農品佔百分之三八、次要者爲日本、在絲棉物品上競爭頗烈、中國在供給國中、一度曾居首位、目下祇佔肉類、酪農品、絲棉製品、紙張、烟草及電氣機器數份而已、其他供給國爲英國、德國、東印度羣島、澳洲等國、該國本可自製此種進口貨物、但人民並不擅於製造該貨也、該島最適於生產各種主要物品、即今日出口之貨物也、一九二九年進口額約菲幣二九四、〇〇〇、〇〇〇披索、至一九三三年降至菲幣一三五、〇〇〇、〇〇〇披索、一九三八年復劇增至菲幣二六五、〇〇〇、〇〇〇披索、一九三九年則略減之、並非表示該國之經濟傷於不景氣、實因該數年中世界物價指數暴跌百分之五〇以上所致耳、當時菲律濱之出口亦較其進口為大、但至一九三八——三九年時、其進口數額則大於出口也、

茲據菲島關稅局年報之貿易統計、分錄於下：

菲律濱羣島歷年貿易統計表　（單位——披索）

| 年份 | 進口總值 | 出口總值 | 貿易總額 |
|---|---|---|---|
| 一九三一年 | 一九八、三五七、四三七 | 二〇七、九四四、一四八 | 四〇六、三〇一、五八五 |
| 一九三二年 | 一五八、七九〇、一七〇 | 一九〇、六七六、一六一 | 三四九、四六六、三三一 |
| 一九三三年 | 一三四、七二二、九二六 | 二一一、五四二、一〇五 | 三四六、二六五、〇三一 |
| 一九三四年 | 一六七、二一四、二二一 | 二二〇、八〇七、二七一 | 三八八、〇二一、四九二 |
| 一九三五年 | 一七一、〇四七、六九九 | 一八八、四九一、三六〇 | 三五九、五三九、〇五九 |
| 一九三六年 | 二〇二、二五二、三四九 | 二七二、八九六、一〇六 | 四七五、一四八、四五五 |
| 一九三七年 | 二一八、〇五一、四九〇 | 三〇四、六三四、五六二 | 五二二、六八六、〇五二 |
| 一九三八年 | 二六五、二一五、〇九五 | 二三一、五九〇、五五四 | 四九六、八〇五、六四九 |
| 一九三九年 | 二四五、五三五、四五六 | 二四二、四五一、二六七 | 四八七、九八七、七二三 |

查進出口貨物種類繁多、茲將其中較為主要者、分別列表於下、以資研究：

## 菲律濱羣島主要出口貨物表(一)

價值百萬披索、數量百萬基羅、及總值之百分率

| 貨物名稱 | 一九二九年 | | | 一九三〇年 | | | 一九三一年 | | |
|---|---|---|---|---|---|---|---|---|---|
| | 數量 | 價值 | 百分率 | 數量 | 價值 | 百分率 | 數量 | 價值 | 百分率 |
| 糖 | 六九五·八 | 一〇六·五 | 三二·四 | 七四四·〇 | 一〇四·五 | 三九·五 | 七五三·九 | 九九·九 | 四八·一 |
| 椰子油 | 一九〇·五 | 五八·四 | 一七·七 | 一四七·四 | 五八·三 | 一四·四 | 一六五·〇 | 三〇·一 | 一四·五 |
| 蔴 | 一八九·四 | 五六·八 | 一七·三 | 一六九·三 | 五六·八 | 一五·八 | 一三三·一 | 一七·九 | 八·六 |
| 椰子肉 | 一七三·六 | 三一·一 | 九·四 | 一七四·三 | 二六·九 | 一〇·一 | 一七四·二 | 一八·三 | 八·八 |
| 菸草製造 | — | 一七·六 | 五·三 | — | 一五·七 | 五·九 | — | 一四·八 | 七·一 |
| 顧繡 | — | 一一·五 | 三·五 | — | 六·八 | 二·六 | — | 五·〇 | 二·四 |
| 椰餅及粉 | 一二五·八 | 七·六 | 二·三 | 八九·九 | 三·八 | 一·四 | 九八·六 | 三·〇 | 一·四 |
| 木材 | ·二五 | 七·二 | 二·二 | ·一九 | 五·五 | 二·一 | ·一七 | 五·七 | 一·八 |
| 乾椰子及椰片 | 三三·三 | 七·一 | 二·二 | 一九·九 | 五·九 | 二·二 | 一六·八 | 五·六 | 一·七 |
| 草帽 | ·八七 | 四·〇 | 一·二 | ·八五 | 二·五 | ·九 | ·五五 | 一·一 | ·五 |
| 繩索 | 七·一 | 三·八 | 一·一 | 六·三 | 三·一 | 一·一 | 四·六 | 一·八 | ·九 |
| 龍舌蘭 | 一六·〇 | 三·三 | 一·〇 | 一三·五 | 一·九 | ·七 | 六·九 | ·五 | ·二 |
| 亂藤 | ·九〇 | 三·一 | ·九 | 一·四〇 | 三·九 | 一·五 | ·三三 | ·六 | ·三 |
| 金絲草 | ·三三 | 一·四 | ·四 | ·三一 | 一·四 | ·五 | ·〇八 | ·六 | ·三 |

菲律濱群島主要出口貨物表（十七）價值百萬披索，數量百萬基羅，及總值之百分率

| 貨物名稱 | 一九三二年 數量 | 一九三二年 價值 | 一九三二年 百分率 | 一九三三年 數量 | 一九三三年 價值 | 一九三三年 百分率 | 一九三四年 數量 | 一九三四年 價值 | 一九三四年 百分率 | 一九三五年 數量 | 一九三五年 價值 | 一九三五年 百分率 |
|---|---|---|---|---|---|---|---|---|---|---|---|---|
| 糖 | 一、〇六·五 | 一二九·六 | 六二·六 | 一、〇七八·六 | 一二八·七 | 六〇·九 | 一、一五三·八 | 一三〇·九 | 五九·五 | — | 六五·九八 | 三五·〇 |
| 椰子油 | 二四·七 | 一五·三 | 八·〇 | 一五九·六 | 一八·三 | 八·六 | 一四四·八 | 三三·六 | 八·三 | — | 二四·三 | 一三·九 |
| 蔴 | 一〇五·八 | 一〇·〇 | 五·三 | 一五二·一 | 一三·七 | 八·七 | 一七四·五 | 一七·三 | 七·八 | — | 三三·九三 | 一二·三二 |
| 椰子肉 | 一五七·三 | 一〇·三 | 五·四 | 三〇八·八 | 一七·九 | 八·四 | 三四三·七 | 一七·三 | 七·八 | — | 三一·九七 | 一一·六 |
| 菸草製造 | — | 一三·八 | 六·七 | — | 一〇·四 | 四·九 | — | 一〇·四 | 四·七 | — | 二三·〇〇 | 六·四 |
| 顧繡 | — | 六·七 | 三·五 | — | 三·八 | 一·八 | — | 五·三 | 二·四 | — | 九·九九 | 五·三 |
| 椰餅及粉 | 七五·八 | 三·一 | 一·一 | 九九·八 | 二·一 | 一·〇 | 九九·六 | 三·一 | 〇·九 | — | 三·二六 | 一·七 |
| 木材 | ·一二 | ·七 | ·九 | ·一九 | 二·五 | ·三 | — | 四·三 | 一·九 | — | 五·〇三 | 二·六 |
| 乾椰子及椰片 | 六·一 | 一五·三 | 一·七 | 一七·八 | 三·四 | 一·六 | 二三·五 | 四·五 | 二·〇 | — | — | — |
| 草帽 | ·一四 | 一·三 | ·六 | ·九九 | 一·五 | ·七 | 一·二 | 一·三 | 一·〇 | — | ·八五 | ·四 |
| 繩索 | 一一·八 | 一·五 | ·七 | 一七·九 | 一·八 | ·九 | 八·三 | 一·六 | ·三 | — | 三·三三 | 一·三 |
| 龍舌蘭 | 五·一 | ·四 | ·三 | 六·六 | ·四 | ·二 | 一〇·七 | ·六 | ·二 | — | 一·〇三 | ·五 |
| 亂蔴 | ·三 | ·五 | ·三 | ·三一 | ·四 | ·三 | — | — | — | — | ·〇七 | ·〇四 |
| 金絲草 | ·一四 | ·一 | ·一 | — | — | — | ·一五 | ·六 | ·三 | — | ·二六 | ·三 |

| 貨物名稱 | 一九三六年 數量 | 一九三六年 價值 | 一九三六年 百分率 | 一九三七年 數量 | 一九三七年 價值 | 一九三七年 百分率 | 一九三八年 數量 | 一九三八年 價值 | 一九三八年 百分率 | 一九三九年 數量 | 一九三九年 價值 | 一九三九年 百分率 |
|---|---|---|---|---|---|---|---|---|---|---|---|---|
| 糖 | — | 一二五·八七 | 四五·四 | — | 一二五·四一 | 三七·九 | — | 一〇〇·〇四 | 四三·〇 | — | 九九·三七 | 四一·三 |
| 椰子油 | — | 二七·六 | 一〇·一 | — | 四〇·九三 | 一二·四 | — | 二一·四二 | 九·〇 | — | 一七·八四 | 七·三 |
| 蔴 | — | 三四·一八 | 一二·五 | — | 四七·六八 | 一四·二 | — | 包括繩索亂蔴 二三·七三 | 一〇·〇 | — | 包括繩索亂蔴 二六·九三 | 一一·二 |
| 椰子肉 | — | 二九·九九 | 一一·〇 | — | 四五·九七 | 一三·八 | — | 包括椰餅及粉 三〇·〇〇 | 一三·〇 | — | 包括椰餅及粉 三一·〇五 | 一二·八 |
| 菸草製造 | — | 一〇·四九 | 三·八 | — | 九·九六 | 三·〇 | — | 八·八九 | 四·〇 | — | 一一·六六 | 四·九 |
| 繡織 | — | 八·五八 | 三·一 | — | ·〇七 | ·〇二 | — | 一〇·三三 | 四·〇 | — | 一〇·七二 | 四·四 |
| 椰餅及粉 | — | 三·六六 | 一·三 | — | 五·八〇 | 一·九 | — | （在椰子肉項內） | — | — | （在椰子肉項內） | — |
| 木材 | — | 八·七〇 | [illegible] | — | 七·八九 | 二·六 | — | 五·六五 | 二·〇 | — | 六·三六 | 二·六 |
| 乾椰子及椰片 | — | — | — | — | — | — | — | 七·六五 | 三·〇 | — | 八·八四 | 三·六 |
| 草帽 | — | 一·二〇 | ·四 | — | ·六九 | ·二 | — | — | — | — | — | — |
| 繩索 | — | 二·五九 | ·九 | — | 二·八七 | ·九四 | — | （在蔴項內） | — | — | （在蔴項內） | — |
| 龍舌蘭 | — | 二·二二 | ·八 | — | 二·一七 | ·七 | — | — | — | — | — | — |
| 亂蔴 | — | ·〇九 | ·〇三 | — | ·〇八 | ·〇二 | — | （在蔴項內） | — | — | （在蔴項內） | — |
| 金絲草 | — | ·六八 | ·二 | — | ·六〇 | ·二 | — | — | — | — | — | — |

## 菲律濱羣島主要進口貨物表（一）

價值百萬披索及總值之百分率

| 貨物名稱 | 一九二九年 數量 | 一九二九年 價值 | 一九二九年 百分率 | 一九三〇年 數量 | 一九三〇年 價值 | 一九三〇年 百分率 | 一九三一年 數量 | 一九三一年 價值 | 一九三一年 百分率 |
|---|---|---|---|---|---|---|---|---|---|
| 棉布 | — | 三七・七 | 一二・八 | — | 二三・五 | 九・五 | — | 三〇・五 | 一〇・四 |
| 棉織品 | — | 一六・三 | 五・五 | — | 一三・七 | 五・六 | — | 一二・二 | 六・二 |
| 燃料油 | 三三七・八 | 二・八 | 一・〇 | 三三〇・〇 | 二・九 | 一・二 | 二九六・四 | 三・五 | 一・八 |
| 汽油及石油精 | 九八・〇 | 八・八 | 三・〇 | 九三・四 | 七・六 | 三・二 | 一四五・三 | 八・六 | 四・三 |
| 燈用油及煤油 | 八四・六 | 五・九 | 二・〇 | 六八・八 | 四・六 | 一・九 | 九四・七 | 四・五 | 二・三 |
| 機油 | 一一・五 | 二・〇 | ・七 | 一四・五 | 二・四 | 一・〇 | 一三・五 | 一・九 | 一・〇 |
| 車輛及另件 | — | 一四・五 | 四・九 | — | 一三・一 | 五・五 | — | 九・二 | 四・六 |
| 麵粉 | 七七・六 | 一〇・一 | 三・四 | 七〇・五 | 九・〇 | 三・七 | 七九・〇 | 六・四 | 三・三 |
| 絲及製品 | — | 九・五 | 三・二 | — | 八・七 | 三・五 |  | 六・五 | 三・五 |
| 書籍及印刷品 | — | 二・九 | 一・〇 | — | 二・八 | 一・一 | — | 一・九 | 一・〇 |
| 非印刷紙張 | — | 五・五 | 一・九 | — | 五・〇 | 二・〇 | — | 四・六 | 二・五 |
| 酪農品 | — | 七・七 | 二・六 | — | 七・二 | 二・九 | — | 八・二 | 四・二 |
| 米 | 一〇五・〇 | 一一・六 | 三・九 | 一二・〇 | 一・五 | ・六 | 一五・四 | 一・二 | ・六 |
| 菸製品 | — | 六・五 | 二・二 | — | 五・七 | 二・四 | — | 五・四 | 二・七 |

## 非律濱羣島主要進口貨物表續(二)

| 貨物名稱 | 一九二九年 數量 | 一九二九年 價值 | 一九二九年 百分率 | 一九三〇年 數量 | 一九三〇年 價值 | 一九三〇年 百分率 | 一九三一年 數量 | 一九三一年 價值 | 一九三一年 百分率 |
|---|---|---|---|---|---|---|---|---|---|
| 電氣機器 | — | 七•五 | 二•六 | — | 九•七 | 三•九 | — | 七•〇 | 三•五 |
| 肉類產品 | — | 六•一 | 二•一 | — | 四•一 | 一•七 | — | 四•〇 | 二•〇 |
| 植物纖維 | — | 六•五 | 二•三 | — | 六•四 | 二•六 | — | 三•五 | 一•八 |
| 肥料 | — | 五•八 | 二•〇 | — | 四•七 | 一•九 | — | 三•八 | 一•九 |
| 煤 | 六〇二•四 | 五•一 | 一•七 | 七三四•〇 | 四•六 | 一•九 | 六五八•九 | 三•〇 | 一•五 |
| 化學品 | — | 五•一 | 一•七 | — | 四•八 | 二•〇 | — | 四•八 | 二•四 |
| 魚類產品 | — | 四•七 | 一•六 | — | 四•二 | 一•七 | — | 二•八 | 一•三 |
| 蔬菜 | — | 四•三 | 一•五 | — | 三•七 | 一•五 | — | 三•七 | 一•九 |
| 皮革 | — | 三•六 | 一•二 | — | 三•三 | 一•三 | — | 二•二 | 一•一 |
| 水菓硬果 | — | 三•四 | 一•一 | — | 三•〇 | 一•一 | — | 二•九 | 一•五 |
| 汽車胎 | — | 三•五 | 一•一 | — | 三•二 | 一•三 | — | 二•三 | 一•二 |
| 肥皂 | — | 二•〇 | •七 | — | 一•八 | •七 | — | 一•五 | •八 |

附註：數量除麵粉、米、煤、爲百萬基羅外、其餘均爲百萬公升

## 非律濱群島主要進口貨物表（二）　價值百萬披索及總值之百分率

| 貨物名稱 | 一九三二年 數量 | 一九三二年 價值 | 一九三二年 百分率 | 一九三三年 數量 | 一九三三年 價值 | 一九三三年 百分率 | 一九三四年 數量 | 一九三四年 價值 | 一九三四年 百分率 | 一九三五年 數量 | 一九三五年 價值 | 一九三五年 百分率 |
|---|---|---|---|---|---|---|---|---|---|---|---|---|
| 棉布 | — | 二〇•九 | 一三•二 | — | 一八•九 | 一二•七 | — | 三二•一 | 一二•四 | — | 三〇•六 | 一七•九 |
| 棉織品 | — | 一二•七 | 八•〇 | — | 一二•三 | 八•三 | — | 二〇•一 | 八•〇 | — | | |
| 燃料油 | 二九〇•三 | 三•六 | 二•三 | — | 二•五 | 一•七 | 三一四•〇 | 三•三 | 一•三 | — | 四•〇 | 二•三 |
| 汽油及石油精 | 一二〇•六 | 五•八 | 三•七 | — | 四•九 | 三•三 | 一〇八•七 | 五•一 | 二•〇 | — | 六•七 | 三•九 |
| 燈用油及煤油 | 四七•五 | 二•三 | 一•四 | — | 二•一 | 一•四 | 七〇•七 | 三•四 | 一•四 | — | 三•〇 | 一•七 |
| 機油 | 一七•一 | 一•七 | 一•一 | — | 一•三 | •九 | 一一•四 | 一•四 | •八 | — | 一•二 | •七 |
| 車輛及另件 | — | 八•一 | 五•一 | — | 七•二 | 四•五 | — | 九•一 | 三•四 | — | 九•三 | 五•四 |
| 麵粉 | 六九•二 | 四•九 | 三•一 | — | 四•八 | 三•二 | 六九•五 | 五•二 | 二•一 | — | 五•七 | 三•三 |
| 絲及製品 | — | 四•九 | 三•一 | — | 四•八 | 三•二 | — | 四•六 | 一•九 | — | 四•八 | 二•八 |
| 書籍及印刷品 | — | 一•九 | 一•二 | — | 一•六 | 一•一 | — | 二•〇 | 一•二 | — | 六•六 | 三•八 |
| 非印刷紙張 | — | 三•六 | 二•三 | — | 三•三 | 二•二 | — | 四•三 | 一•八 | — | | |
| 酪農品 | — | 五•一 | 三•二 | — | 五•〇 | 三•四 | — | 五•八 | 二•三 | — | 九•三 | 五•四 |
| 米 | 三•〇 | 一•〇 | •六 | — | 一•三 | 一•〇 | 六•九 | •五 | •二 | — | •二 | •一 |
| 菸製品 | — | 五•四 | 三•四 | — | 四•二 | 二•八 | — | 五•八 | 二•三 | — | 七•五 | 四•四 |
| 電氣機器 | — | 四•五 | 二•八 | — | 三•四 | 二•三 | — | 四•三 | 一•六 | — | 四•三 | 二•五 |

| 貨物名稱 | 一九三六年 | | | 一九三七年 | | | 一九三八年 | | | 一九三九年 | | |
|---|---|---|---|---|---|---|---|---|---|---|---|---|
| | 數量 | 價值 | 百分率 | 數量 | 價值 | 百分率 | 數量 | 價值 | 百分率 | 數量 | 價值 | 百分率 |
| 棉布 | — | 三〇·五 | 一五·一 | — | 三四·九 | 一六·〇 | — | 四三·八 | 一七·〇 | — | 三八·八 | 一五·七 |
| 棉織品 | — | | | — | | | — | | | — | | |
| 燃料油 | — | 四·〇 | 二·〇 | — | 一三·九 | 六·四 | — | 一六·一 | 六·〇 | — | 一六·四 | 六·六 |
| 汽油及石油精 | — | 五·九 | 二·九 | — | | | — | | | — | | |
| 燈用油及煤油 | — | 三·〇 | 一·五 | — | | | — | | | — | | |
| 機油 | — | 一·五 | ·六 | — | | | — | | | — | | |
| 車輛及另件 | — | 一三·四 | 六·六 | — | 一二·〇 | — | — | 一五·六 | 六·〇 | — | 一〇·七 | 四·四 |
| 麵粉 | — | 七·九 | 三·九 | — | 八·三 | — | — | 一〇·五 | 四·〇 | — | 八·三 | 三·四 |
| 絲及製品 | — | 五·八 | 二·九 | — | 五·八 | 二·七 | — | — | — | — | — | — |
| 書籍及印刷品 | — | 六·四 | 三·一 | — | 七·六 | 三·五 | — | 一〇·四 | 四·〇 | — | 九·二 | 三·七 |
| 非印刷紙張 | — | | | — | | | — | | | — | | |
| 酪農品 | — | 一一·〇 | 五·四 | — | 一〇·〇 | 四·六 | — | [illegible] | 五·〇 | — | 一一·〇 | 四·四 |
| 米 | — | 五·五 | 二·七 | — | — | — | — | — | — | — | — | — |
| 菸製品 | — | 七·一 | 三·五 | — | 七·三 | 三·三 | — | 一五·九 | 六·〇 | — | 一三·九 | 五·六 |
| 電氣機器 | — | 四·八 | 二·四 | — | — | — | — | 七·六 | 三·〇 | — | 七·五 | 三·〇 |

112

## 菲律濱羣島主要進口貨物表續（二）

| 貨物名稱 | 一九三二年 數量 | 一九三二年 價值 | 一九三二年 百分率 | 一九三三年 數量 | 一九三三年 價值 | 一九三三年 百分率 | 一九三四年 數量 | 一九三四年 價值 | 一九三四年 百分率 | 一九三五年 數量 | 一九三五年 價值 | 一九三五年 百分率 |
|---|---|---|---|---|---|---|---|---|---|---|---|---|
| 肉類產品 | — | 二·九 | 一·八 | — | 二·六 | 一·七 | — | 二·四 | 一·四 | 在酪農品項內 | 在酪農品項內 | 在酪農品項內 |
| 植物纖維 | — | 三·九 | 二·七 | — | 四·〇 | 二·七 | — | 四·四 | 二·六 | — | 三·四 | 二·〇 |
| 肥料 | — | 三·〇 | 一·九 | — | 三·五 | 二·三 | — | 四·五 | 二·七 | — | 三·六 | 二·一 |
| 煤 | 三〇一·四 | 一·七 | ·九 | — | 二·〇 | 一·三 | 二三〇·七 | 二·三 | ·七 | — | 一·五 | ·九 |
| 化學品 | — | 三·九 | 二·五 | — | 三·九 | 二·六 | — | 四·八 | 二·九 | — | 五·二 | 三·〇 |
| 魚類產品 | — | 一·八 | 一·一 | — | 二·〇 | 一·三 | — | 二·七 | 一·六 | — | 二·七 | 一·六 |
| 蔬菜 | — | 三·二 | 二·〇 | — | 三·二 | 二·〇 | — | 二·八 | 一·七 | — | 三·三 | 一·九 |
| 皮革 | — | 一·八 | 一·一 | — | 一·八 | 一·二 | — | 二·四 | 一·四 | — | 二·一 | 一·二 |
| 水菓硬果 | — | 二·五 | 一·六 | — | 二·五 | 一·三 | — | 三·三 | 一·三 | — | 二·六 | 一·五 |
| 汽車胎 | 在車輛及另件項內 | 在車輛及另件項內 | 在車輛及另件項內 | 在車輛及另件項內 | 在車輛及另件項內 | 在車輛及另件項內 | — | 二·三 | 一·五 | 在車輛及另件項內 | 在車輛及另件項內 | 在車輛及另件項內 |
| 肥皂 | — | ·九 | ·六 | — | ·八 | ·三 | — | ·六 | ·三 | — | ·七 | ·四 |

| 貨物名稱 | 一九三六年 數量 | 一九三六年 價值 | 一九三六年 百分率 | 一九三七年 數量 | 一九三七年 價值 | 一九三七年 百分率 | 一九三八年 數量 | 一九三八年 價值 | 一九三八年 百分率 | 一九三九年 數量 | 一九三九年 價值 | 一九三九年 百分率 |
|---|---|---|---|---|---|---|---|---|---|---|---|---|
| 肉類產品 | 在酪農品項內 | | | 在酪農品項內 | | | 在酪農品項內 | | | 在酪農品項內 | | |
| 植物纖維 | — | 三•九 | 一•九 | — | — | — | — | — | — | — | — | — |
| 肥料 | — | 四•三 | 二•一 | — | — | — | — | — | — | — | — | — |
| 煤 | — | 二•〇 | 一•〇 | — | — | — | — | — | — | — | — | — |
| 化學品 | — | 五•六 | 二•八 | — | 五•七 | — | — | 八•九 | 三•〇 | — | 七•七 | 三•〇 |
| 魚類產品 | — | 三•一 | 一•五 | — | — | — | — | — | — | — | — | — |
| 蔬菜 | — | 三•四 | 一•七 | — | — | — | — | — | — | — | — | — |
| 皮革 | — | 二•五 | 一•二 | — | — | — | — | — | — | — | — | — |
| 水菓硬果 | — | 二•八 | 一•四 | — | — | — | — | — | — | — | — | — |
| 汽車胎 | 在車輛及另件項內 | | | 在車輛及另件項內 | | | 在車輛及另件項內 | | | 在車輛及另件項內 | | |
| 肥皂 | — | •六 | •四 | — | — | — | — | — | — | — | — | — |

附註：數量除、麵粉、米、煤、爲百萬基羅外、其餘均爲百萬公升

## （乙）貿易平衡

以往十餘年間當不景氣之際、菲律濱仍能維持出超平衡、若從下列貿易平衡表觀之、自一九三一年以菲幣一〇、〇〇〇、〇〇〇披索之數起、更轉呈上升之勢、當一九三二年時因出口額劇跌之故、以菲幣五六、〇〇〇、〇〇〇披索之餘額轉爲逆勢、菲島所受損失已不貲矣、該年可云例外、此後之貿易情形、則永未再呈逆局、一九三三年之貿易、出超菲幣七六、〇〇〇、〇〇〇披索、一九三四年爲五四、〇〇〇、〇〇〇披索、一九三五年減爲一七、〇〇〇、〇〇〇披索、一九三六年爲七一、〇〇〇、〇〇〇披索、一九三七年爲八七、〇〇〇、〇〇〇披索、至一九三八年度、反爲入超三三、〇〇〇、〇〇〇披索、一九三九年度仍爲入超三、〇〇〇、〇〇〇披索、當不景氣之數年中、菲律濱之財政仍居穩固地位、銀行機關儘管限制巨額放款、仍能盡責拯救商業之不景氣、此種情形皆能從貿易表中查出、凡商業之失敗、收賬困難、銀行盈餘減低等情、爲數極爲有限、簡而言之、此種難關、菲律濱所以能勝過、而其他國家仍在掙扎之中者、實歸功於精密審查之預算也、

菲律賓戰前之繁榮、並非全依世界情形而定、但大都定於美國對菲之政治、及經濟政策上耳、菲律濱以往得免於財政崩潰、由於美國市場善意之結果所造成者、玆據海關報告所載數字、在一九三三年十月止、再加十一十二兩月之估值、菲律濱之出超約爲六〇、〇〇〇、〇〇〇披索、與美國貿易之出超爲九〇、〇〇〇、〇〇〇披索、抵去其他國之入超三〇、〇〇〇、〇〇〇披索、菲律濱之出超爲六〇、〇〇〇、〇〇〇披索、查菲律濱出超餘額、可以超過全島預算之上、其事實之重要、顯然可見矣、

自貿易數字上觀之、更可顯出昔日依賴美國之重大矣、在一九〇〇年菲律濱輸往歐亞之出口額在百分之八〇以上、輸往美國者僅佔百分之十三、而在一九三二年時、祇與美國一國之貿易額已達百分之七五以上、一九三七年佔百分之七〇・八、在戰前據菲人代表云、若美國國會能准該島關稅獨立、排除其他貿易上之障礙、擯出美貨時、其結果必將不堪設想、今菲島試以十年之期成爲共和國、屆時深恐美國市場亦禁止菲貨入內、果成事實、則除政治與邦交外、在經濟上該島必受極大之刧數也、

查菲島之貿易平衡、自一九二一年後、歷年皆係出超、一九三一年出超九、五八六、七一一披索、較一九三〇年降減一千餘萬披索、一九三二年出超三一、八八五、九九一披索、較一九三一年增加二二、二九九、二八〇披索、一九三三年出超七六、八一九、一七九披索、較一九三二年增加四四、九三三、一八八披索、一九三四年出超五三三、五九三、〇五〇披索、較一九三三年降減二三、二二六、一二九披索、一九三五年出超一七、四四三、六六一披索、較一九三四年降減三六、一四九、三八九披索、一九三六年出超七〇、六四三、七五七披索、較一九三五年劇增五三、二〇〇、〇九六披索、一九三七年出超八六、五八三、〇七二披索、較一九三六年更增一五、九三九、三一五披索、一九三八年則反爲入超三三、六二四、五四一披索、一九三九年亦仍爲入超三、〇八三、一八九披索、

茲將菲島歷年貿易平衡、列表於后：

菲律濱羣島貿易平衡表　（單位百萬披索）

| 年份 | 貿易總額 | 出口 | 進口 | 出超或入超（－）餘額 |
|---|---|---|---|---|
| 一九二〇年 | 六〇一 | 三〇二 | 二九九 | 三 |
| 一九二一年 | 四〇八 | 一七六 | 二三二 | 五六（－） |
| 一九二二年 | 三五一 | 一九一 | 一六〇 | 三一 |
| 一九二三年 | 三一七 | 二四二 | 一七五 | 六七 |
| 一九二四年 | 四八七 | 二七一 | 二一六 | 五五 |
| 一九二五年 | 五三七 | 二九八 | 二三九 | 五九 |
| 一九二六年 | 五一三 | 二七四 | 二三九 | 三五 |
| 一九二七年 | 五四三 | 三一一 | 二三二 | 七九 |
| 一九二八年 | 五七九 | 三一〇 | 二六九 | 四一 |
| 一九二九年 | 六二三 | 三二九 | 二九四 | 三五 |
| 一九三〇年 | 五一二 | 二六六 | 二四六 | 二〇 |
| 一九三一年 | 四〇六 | 二〇八 | 一九八 | 一〇 |
| 一九三二年 | 三四九 | 一九〇 | 一五九 | 三一 |
| 一九三三年 | 三四六 | 二一一 | 一三五 | 七六 |
| 一九三四年 | 三八八 | 二二一 | 一六七 | 五四 |
| 一九三五年 | 三五九 | 一八八 | 一七一 | 一七 |
| 一九三六年 | 四七五 | 二七三 | 二〇二 | 七一 |
| 一九三七年 | 五二三 | 三〇五 | 二一八 | 八七 |
| 一九三八年 | 四九七 | 二三二 | 二六五 | 三三（－） |
| 一九三九年 | 四八八 | 二四二 | 二四六 | 四（－） |

117

## 五、與主要各國之貿易

### （甲）概況

菲律濱羣島與世界各國之貿易顯爲穩進之勢、其貿易額在一九一三年時爲菲幣一〇二、〇〇〇、〇〇〇披索、在一九二九年時增爲菲幣六二三、〇〇〇、〇〇〇披索、菲島之貿易關係不但僅限與美國及亞洲鄰國之間、與歐、澳兩洲亦有之、各國企圖在菲競佔貿易優越地位者爲美國、日本、中國、英國及近來之德國、自一八九九年美國佔有菲島以來、美國在菲島較其他國得享自由貿易之最優利益、與菲之貿易地位、自一九〇九年以來、永居貿易國中之第一位、其貿易額在一九〇九年自菲幣四二、〇〇〇、〇〇〇披索起、迨一九二九年躍至菲幣四三四、〇〇〇、〇〇〇披索、一九三七年爲三七〇、〇〇〇、〇〇〇披索、一九三八年爲三六〇、〇〇〇、〇〇〇披索、一九三九爲三五三、〇〇〇、〇〇〇披索、較前略減、該兩年仍居首位、英國自一八九九年起曾居第二位、但在一九二九年時、日本升爲第二位、英國降居第三位、後在一九三四年又被德國奪佔、降居第四位、而自一九三五年後復升居第三位、日本在一八九九年居第五位、一九〇九年居第六位、在一九一九年進爲第三位、自一九二九年迄今、穩居第二位、中國在一八九九年居第一位、但在一九〇九年降爲第五位、一九一九年及一九二九年時復升爲第四位、至一九三四年又降爲第五位、一九三五年復升爲第四位、一九三六年又降居第六位、一九三七年又爲第五位、一九三八年復降爲第六位、與菲之貿易額在一八九九年爲菲幣二四、七〇〇、〇〇〇披索、迨一九二九年時、減至二〇、六〇〇、〇〇〇披索、在一九三四年又減至八、〇〇〇、〇〇〇披索、一九三五年度再減至七、四〇〇、〇〇〇披索、一九三六年更減至七、三〇〇、〇〇〇披索、一九三七年則升至八、五〇〇、〇〇〇披索、據下表所示、德國自一九二九年起始顯於表中、一九三四年居爲第三位、一九三五年爲第五位、一九三六年至一九三八年皆居第四位、其地位之重要殊在增進中、

玆將菲島與主要各國之貿易額、及其所佔貿易地位按序列表如下：

菲律濱羣島與主要各國之貿易表（貿易額爲百萬披索）

| 一八九九年份 | 貿易額 | 一九〇〇九年份 | 貿易額 | 一九一九年份 | 貿易額 | 一九二九年份 | 貿易額 | 一九三四年份 | 貿易額 |
|---|---|---|---|---|---|---|---|---|---|
| 中國 | 二四・七 | 美國 | 四二・三 | 美國 | 二六四・三 | 美國 | 四三四・一 | 美國 | 二九二・四 |
| 英聯邦 | 一三・七 | 英聯邦 | 二一・四 | 英聯邦 | 四・四 | 日本 | 三八・一 | 日本 | 二九・二 |
| 美國 | 一〇・六 | 法國 | 一一・六 | 日本 | 四・二 | 英聯邦 | 二六・〇 | 德國 | 九・三 |
| 西班牙 | 七・四 | 越南 | 九・四 | 中國 | 一・九 | 中國 | 二〇・六 | 英聯邦 | 九・〇 |
| 日本 | 二・四 | 中國 | 八・二 | 越南 | 一・六 | 德國 | 一六・八 | 中國 | 八・〇 |
| | | 日本 | 三・五 | | | | | 法國 | 六・九 |

| 一九三五年份 | 貿易額 | 一九三六年份 | 貿易額 | 一九三七年份 | 貿易額 | 一九三八年 | 貿易額 | 一九三九年份 | 貿易額 |
|---|---|---|---|---|---|---|---|---|---|
| 美國 | 二五八・六 | 美國 | 三六〇・五 | 美國 | 三七〇・二 | 美國 | 三六〇・〇 | 美國 | 三五三・〇 |
| 日本 | 二五・〇 | 日本 | 四三・三 | 日本 | 五二・二 | 日本 | 四一・二 | 日本 | 三一・二 |
| 英國 | 九・四 | 英國 | 一三・六 | 英國 | 一七・七 | 英國 | 一一・七 | — | — |
| 中國 | 七・四 | 德國 | 一〇・七 | 德國 | 一一・九 | 德國 | 一一・三 | — | — |
| 德國 | 六・九 | 荷蘭 | 九・一 | 中國 | 八・五 | 荷蘭 | 一〇・九 | — | — |
| 西班牙 | 五・九 | 中國 | 七・三 | 荷蘭 | 六・五 | 中國 | 八・一 | — | — |

（乙）與美國之貿易

菲律濱羣島與美國之貿易恒爲出口超過進口、至一九三七年時對美國之出口額、爲菲幣二四三、五〇〇、〇〇〇披索、或佔出口總額百分之七九・九、進口爲菲幣一二六、七〇〇、〇〇〇披索、或佔該島進口總額百分之五八・〇、一九三八年對美之貿易爲入超二一、〇〇〇、〇〇〇披索、但一九三九年對美之貿易又爲出超一九、〇〇〇、〇〇〇披索、玆將歷年菲島與美國之貿易情形、示表於後：

非律濱羣島與美國之貿易表（價值百萬披索及總值之百分率）

| 年份 | 總進口值 | 總出口值 | 貿易總值 | 與美國部份 進口 | 百分率 | 出口 | 百分率 | 貿易總值 | 百分率 |
|---|---|---|---|---|---|---|---|---|---|
| 一九一八 | 一九七・二 | 二七〇・四 | 四六七・六 | 一一七・六 | 五九・六 | 一七八・三 | 六六・〇 | 二九五・九 | 六三・二 |
| 一九二一 | 二三一・七 | 一七六・二 | 四〇七・九 | 一四八・三 | 六四・〇 | 一〇〇・七 | 五七・一 | 二四九・〇 | 六一・二 |
| 一九二三 | 一七四・九 | 二四一・五 | 四一六・五 | 一〇〇・七 | 五七・五 | 一七〇・〇 | 七〇・三 | 二七〇・七 | 六四・九 |
| 一九二七 | 二三一・七 | 三一一・一 | 五四二・八 | 一四二・九 | 六一・六 | 二三二・一 | 七四・五 | 三七五・〇 | 六九・二 |
| 一九二八 | 二六九・三 | 三一〇・一 | 五七九・四 | 一六七・七 | 六二・二 | 二三一・一 | 七四・四 | 三九八・八 | 六八・八 |
| 一九二九 | 二九四・三 | 三二八・八 | 六二三・二 | 一八五・二 | 六三・〇 | 二四八・九 | 七五・六 | 四三四・一 | 六九・六 |
| 一九三〇 | 二四六・一 | 二六六・三 | 五一二・五 | 一五六・四 | 六三・六 | 二一〇・六 | 七九・二 | 三六七・〇 | 七一・五 |
| 一九三一 | 一九八・三 | 二〇八・〇 | 四〇六・三 | 一二四・三 | 六二・七 | 一六六・八 | 八〇・二 | 二九一・一 | 七一・七 |
| 一九三二 | 一五八・七 | 一九〇・七 | 三四九・四 | 一〇二・六 | 六四・六 | 一六五・三 | 八六・七 | 二六九・九 | 七六・七 |
| 一九三三 | 一四九・四 | 二一一・五 | 三六〇・九 | 八七・一 | 五八・三 | 一八二・六 | 八六・三 | 二六九・七 | 七四・七 |
| 一九三四 | 一六七・二 | 二二〇・八 | 三八八・〇 | 一〇八・七 | 六五・〇 | 一八三・七 | 八三・一 | 二九二・四 | 七五・三 |
| 一九三五 | 一七一・一 | 一八八・四 | 三五九・五 | 一〇八・七 | 六三・五 | 一四九・九 | 七九・五 | 二五八・六 | 七一・九 |
| 一九三六 | 二〇二・二 | 二七二・八 | 四七五・〇 | 一二二・九 | 六〇・八 | 二一五・〇 | 八〇・四 | 三三七・九 | 七二・四 |
| 一九三七 | 二一八・〇 | 三〇四・六 | 五二二・六 | 一二六・七 | 五八・〇 | 二四三・五 | 七九・九 | 三七〇・二 | 七〇・八 |
| 一九三八 | 二六五・〇 | 二三二・〇 | 四九七・〇 | 一八一・〇 | 六八・〇 | 一七九・〇 | 七七・〇 | 三六〇・〇 | 七二・四 |
| 一九三九 | 二四六・〇 | 二四二・〇 | 四八八・〇 | 一六七・〇 | 六八・〇 | 一八六・〇 | 七七・〇 | 三五三・〇 | 七二・三 |

非島與美國之貿易、約佔貿易總額四分之三、由此可以想見、非島之進口貿易、大部屬於美國之

手、歷年出口之主要產品如糖、椰子油、乾椰子肉、椰子餅、乾椰子、蔴、顧纖、木材、繩索、菸草等貨、幾乎全被美國所消耗、如上表所示、美國對菲島出口貿易上之重要、可云無容諱言矣、美國除遇中日勁敵與其競爭棉花、絲織品、煤等之外、該島所需其他之進口必需品幾全由美國供給之、自美進口唯一之貨物爲汽車、礦油、肉類、麥、菸草、電氣機器、鋼鐵等貨、爲數之鉅不可勝數、

玆將菲島與各國貿易關係、按進出口貨物分類列表如下：

菲律濱羣島出口貿易表（一九三六年份各貨總額之百分率）

| 出口國別 | 美國 | 英聯邦 | 中國 | 日本 | 東印度 | 西班牙 | 德國 | 澳洲 | 法國 | 加拿大 | 一九三六年出口之價值（百萬披索） |
|---|---|---|---|---|---|---|---|---|---|---|---|
| 糖 | 九九·九 | — | — | — | — | — | — | — | — | — | 一三三·八 |
| 椰子油 | 九四·七 | — | 〇·三 | — | — | — | 〇·六 | — | — | 二·〇 | 二七·七 |
| 椰子肉 | 六五·二 | — | — | — | — | 二·九 | 六·一 | — | 六·六 | — | 三〇·〇 |
| 椰子餅 | 五六·五 | — | — | — | — | — | 一四·五 | — | — | — | 三六·六 |
| 乾椰子 | 九九·九 | — | — | — | — | — | — | — | — | — | 三·二 |
| 蔴 | 三一·二 | 二二·〇 | — | 二七·八 | — | — | 二·五 | 一·六 | 一·九 | 一·八 | 三四一·八 |
| 顧纖 | 九九·八 | — | — | — | — | — | — | — | — | — | 八·五 |
| 菸草 | 四八·八 | — | 二·六 | 二·七 | — | 二八·二 | — | — | 三·七 | — | 一〇·五 |
| 木材 | 三八·三 | 九·〇 | 四·六 | 三七·三 | — | — | — | 三·五 | — | — | 六·二 |
| 繩索 | 三七·五 | — | 四·二 | — | 五·八 | — | — | — | — | — | 二·四 |

菲律濱羣島進口貿易表（一九三六年份各貨總額之百分率）

| 進口國別 | 美國 | 日本 | 英聯邦 | 中國 | 德國 | 東印度 | 澳洲 | 加拿大 | 其他 | 一九三六年進口之價值（百萬披索） |
|---|---|---|---|---|---|---|---|---|---|---|
| 棉織品 | 四四·四 | 三五·八 | 六·一 | 五·六 | 〇·五 | — | — | — | 三·七 | 三〇·五 |
| 絲織品 | 二九·二 | 六三·五 | 一·六 | 三·九 | 〇·四 | — | — | — | 〇·三 | 五·七 |
| 車輛、另件 | 九九·五 | 〇·一 | — | — | 〇·〇五 | — | — | — | 〇·〇五 | 一一·四 |
| 肉、酪農品 | 七八·五 | 一·七 | 〇·七 | 三·一 | — | — | 一四·三 | — | 〇·五 | 一一·〇 |
| 麵粉 | 三九·一 | 八·〇 | — | 〇·四 | — | — | 二一·八 | 三〇·六 | — | 七·九 |
| 礦油 | 八五·五 | — | 〇·〇五 | — | — | 一四·四 | — | — | 〇·五 | 一四·六 |
| 電氣機器 | 八六·五 | 一·〇 | — | 四·七 | 五·九 | — | — | — | — | 五·八 |
| 鋼鐵 | 七六·七 | 五·八 | 五·二 | 〇·二 | 七·二 | 〇·〇三 | — | — | 〇·四 | 一三·〇 |
| 菸草 | 九八·六 | — | — | 〇·一 | — | 一·二 | — | — | 〇·〇五 | 七·一 |
| 紙張 | 七一·八 | 四·七 | 一·二 | 〇·九 | 一〇·三 | — | 〇·七 | 二·五 | 八·〇 | 六·四 |
| 焦煤 | — | 七七·四 | — | — | — | 二·八 | 一九·一 | — | — | 〇·〇五 |

由菲島輸往美國之出口貨物大都爲原料、抵美後尚須加以製造手續、而由美國進口之貨物、全係製造品、抵菲後即可供人消耗、按菲律濱雖佔美貨市場之第八位、但對美之棉織品、牛乳、奶油、白鐵、鋼板、油漆等貨却佔第一位、麵粉、罐頭魚類則佔第二位、

一九三五年十一月十五日美國國會通過菲律濱共和國得宣告成立者、由於美國國會議決之通過所

致也、其條件須在美國主權監督之下、限以十年之期始准於完全獨立、查菲律濱主要出口貨物、按其序之重要排列如下：糖、椰子產品、菸、麻纖、繩索、木材數種、進口貨物爲：棉織品、鋼鐵、礦油、汽車、絲、乳產品、蔬菜、麵粉、電氣機器以及紙張等數種、在此進出口雙方貨物中、美國居各國間之首席、果眞廢除與菲之自由貿易、凡美國境內所不產之熱帶產品、均須向其他各國採辦、其範圍亦必與目下採自菲律濱者相同、屆時美國農產品在菲之市場、亦必隨之而消滅矣、

（丙）與日本之貿易

菲律濱羣島與日本之貿易、向來對菲不利、自一九二〇年起至一九三一年之間、自日本進口者平均菲幣二二、四〇〇、〇〇〇披索、而出口至日本者平均爲日幣一五、七〇〇、〇〇〇圓、自一九三二年起至一九三九年之間由日本進口者平均菲幣二一、〇七三、八四四披索、而出口至日本者平均爲菲幣一二、三〇六、四九九披索、披索與日圓之價値可云極其相同、每披索等於美幣〇・五〇元、每日圓等於美幣〇・四九八五元、日本出口至菲律濱者平均佔其出口總額百分之二・六、比輸往澳洲、坎拿大、新西蘭之比例較大、況自一九二二年以來、均在增進之中、該年之比率爲百分之二・一、一九三一年爲百分之三・八、一九三二年及一九三三年均爲百分之七・七五、一九三四年爲百分之一二・三七、一九三五年爲百分之一四・二三、一九三六年爲百分之一三・一二、一九三七年爲百分之一四・七六、

菲律濱大宗之進口貨、雖來自美國、但實際上仍有進自日本者、例如日貨之受歡迎、由於價廉之引誘也、自日本之進口中、一半爲絲棉纖維品、包括襯衫襯袴在內、其他進口貨爲煤、陶器、玻璃器

、捲菸紙、及漁產品等、自日本進口之貨物、所徵之進口稅、大半較其他國者為低、棉布百分之七、襯衫褲百分之二一、煤百分之五、海產品百分之七與八、鋼鐵器百分之一九、捲菸百分之一六、雜貨徵稅百分之三八、火柴百分之七五、戰前菲政府當局因見日貨進口劇增、足以威脅美國貿易、曾設各種限制方法阻擋之、

菲律濱出口至日本者佔其出口總額僅百分之四至百分之五、其中百分之八十之出口貨為大麻、苧蔴、馬尼剌蔴、其他出口物木料佔百分之一〇・五、菸葉佔百分之一・七、在其他數年中糖及椰子肉所佔百分率亦多、椰子肉、蔴、苧蔴等日本准予免稅進口、上述其他各項皆須徵稅、茲將一九三二年至一九三九年菲島與日本之貿易情形、列表如下：

菲島與日本之貿易統計表（單位披索）

| 年份 | 輸入數額 | 佔輸入總額之百分率 | 輸出數額 | 佔輸出總額之百分率 | 貿易總額 | 佔貿易總額之百分率 | 日本所佔貿易之地位 |
|---|---|---|---|---|---|---|---|
| 一九三二 | 一三、三一〇、〇一二 | 七・七五 | 四、一四四、五九五 | 二・七〇 | 一七、四五四、六〇七 | 四・九九 | 第二位 |
| 一九三三 | 一一、三六四、二〇四 | 七・七五 | 五、九二〇、七八二 | 二・八〇 | 一七、二八四、九八六 | 四・九九 | 第二位 |
| 一九三四 | 二〇、六九二、五四八 | 一二・五七 | 八、五二三、六〇二 | 三・八六 | 二九、二一六、一五〇 | 七・五三 | 第二位 |
| 一九三五 | 二四、三四二、九四九 | 一四・三〇 | 一〇、七一八、七二九 | 五・六九 | 三五、〇六一、六七八 | 九・一五 | 第二位 |
| 一九三六 | 二六、五二八、五三〇 | 一五・二二 | 一六、七八六、二七二 | 五・六八 | 四三、三一四、八〇二 | 八・七〇 | 第二位 |
| 一九三七 | 三三、三〇四、〇二四 | 一四・七六 | 二〇、〇二九、八三一 | 六・五七 | 五三、三三三、八五五 | 九・九九 | 第二位 |
| 一九三八 | 二五、八二四、九六一 | 九・七四 | 一五、三五一、八九八 | 六・六四 | 四一、一七六、八五九 | 八・二八 | 第二位 |
| 一九三九 | 一五、四〇四、五五六 | 六・二七 | 一五、七七五、二九九 | 六・五〇 | 三一、一七九、八五五 | 六・四四 | 第二位 |

戰前美國與日本對菲島之貿易、雙方鉤心鬥角、不遺餘力、互相競爭、至為劇烈、美國因與菲島

有特殊關係、向居首席、而日本歷年所佔之貿易地位、僅次於美國、至於其他各國、則無與倫比。

### （丁）與英國之貿易

菲律濱與英國之貿易屢能維持出超地位、直至一九三二年之後、對於菲島貿易方始成爲逆勢、在二十世紀起始時、英國對菲之貿易、在各國中居第二位、該兩國間之貿易關係、顯在下傾之勢、一九一八年份出口至英國之數字爲菲幣三八、九〇〇、〇〇〇披索、或佔菲島出口總額百分之一四・四、此數當時逐見降落、直至一九三二年、更跌至二、七〇〇、〇〇〇披索、或佔出口總額百分之一・四、祇佔從前十分之一、自英國進口方面、從一九一八年以來，幾乎均能保持水準、該年自英之進口額爲菲幣五、五〇〇、〇〇〇披索、或佔總額百分之二・八、在一九三二年自英之進口額爲菲幣五、五〇〇、〇〇〇披索、佔總額百分之三・六、至此、在出口方面與昔比之、已縮至從前總額十分之一弱、進口方面仍能保持同一水準、自一九三二年後、菲律濱與英國之貿易成爲逆勢、並不足爲奇耳、菲律濱輸往英國之出口貨爲椰子油、蔴、及木材等數種、自英進口者爲棉織品、絲、鋼鐵、汽車、在其他數年中礦油等亦有進口、自一九二八年至一九三八年間之出口額各爲菲幣一五、八〇〇、〇〇〇披索、一四、〇〇〇、〇〇〇披索、九、八〇〇、〇〇〇披索、八、三〇〇、〇〇〇披索、二、七〇〇、〇〇〇披索、三、七〇〇、〇〇〇披索、四、九〇〇、〇〇〇披索、五、七〇〇、〇〇〇披索、八、三〇〇、〇〇〇披索、一二、四〇〇、〇〇〇披索、及六、〇〇〇、〇〇〇披索、在同年中之進口總額各爲菲幣一一、八〇〇、〇〇〇披索、一一、九〇〇、〇〇〇披索、九、三〇〇、〇〇〇披索、六、〇〇〇、〇〇〇披索、五、五〇〇、〇〇〇披索、五、一〇〇、〇〇〇披索、四、三〇〇、〇〇〇披索、三、五〇〇、〇〇〇披索、五、二〇〇、〇〇〇披索、五、二〇〇、〇〇〇披索、及五、七〇〇、〇〇〇披索、自一九二八年至一九三八年間之出口總額之百分比各爲百分之五·一、百分之四·三、百分之三·七、百分之四·〇、百分之一·四、百分之二·七、百分之二·二、百分之三·〇、百分之二·八、百分之四·〇、及百分之二·六、進口總額之百分比、各爲百分之四·四、百分之四·〇、百分之三·八、百分之三·〇、百分之三·六、百分之二·二、百分之二·五、百分之二·〇、百分之二·六、百分之二·六、及百分之二·二、茲將一九三二年至一九三八年菲島對英國之貿易情形、列表於後：

菲島與英國之貿易統計表（單位披索）

| 年份 | 輸入數額 | 佔輸入總額之百分率 | 輸出數額 | 佔輸出總額之百分率 | 貿易總額 | 佔貿易總額之百分率 | 英國所佔貿易之地位 |
|---|---|---|---|---|---|---|---|
| 一九三二 | 三五、六六九、二〇三 | 三·五七 | 二三、七五〇、八八五 | 一·四四 | 八八、四二〇、〇八七 | 二·四一 | 第五位 |
| 一九三三 | 四、三三四、六六八 | 一·一一 | 八、七二六、一一五 | 一·七六 | 八、〇五〇、七八· | 一·三五 | 第四位 |
| 一九三四 | 四、三三七、二〇二 | 三·五九 | 四、九〇一、〇二〇 | 三·三三 | 九、二一八、二三一 | 二·八八 | 第四位 |
| 一九三五 | 一、七七〇、九三一 | 一·九九 | 五、七九一、六〇七 | 二·〇七 | 九、六六一、九五八 | 二·六一 | 第三位 |
| 一九三六 | 五、三五八、五五六 | 二·八〇 | 八、五四四、八四九 | 三·八五 | 一三、六〇二、四〇五 | 二·七五 | 第三位 |
| 一九三七 | 五、三二一、二七七 | 三·八〇 | 一三、四六六、一九六 | 四·〇九 | 一七、六八七、四七五 | 三·三八 | 第三位 |
| 一九三八 | 五、七一二、〇〇〇 | 三·一一 | 六、〇三三、〇〇〇 | 二·六〇 | 一一、七四四、〇〇〇 | 二·三五 | 第三位 |

127

（戊）與東印度羣島之貿易

菲律濱與東印度羣島之貿易較少、佔其貿易總額祇百分之一而已、在價額方面如以百分比之佔貿易總額者同、數年以來自東印度輸入之進口額、較輸往東印度之出口額超過十倍以上、玆將自東印度進口主要貨物之價值表、列表如下（一九三一年至一九三三年爲荷盾千位、一九三四年至一九三六年爲披索千位）：

菲律濱羣島自東印度進口主要貨物之價值表

| 進口貨名 | 一九三一年荷盾千位 | 一九三二年荷盾千位 | 一九三三年荷盾千位 | 一九三四年披索千位 | 一九三五年披索千位 | 一九三六年披索千位 |
|---|---|---|---|---|---|---|
| 石油產品 | 四、五四三 | 二、八四〇 | 一、九五〇 | 一、七三七 | 一、八九二 | 二、一〇四 |
| 規那皮及金雞納霜 | 四五 | 二三 | 三二 | 五三 | 五四 | 九七 |
| 咖啡 | 五八九 | 四八九 | 六五二 | 四六〇 | 五六〇 | 三二五荷盾千位 |
| 玉蜀黍 | 一七 | — | 一五九 | — | — | — |
| 蔗產品 | 二二八 | 一三二 | 一〇二 | — | — | — |
| 煤 | 二一一 | 一八 | — | 七 | — | — |
| 糖 | 一四 | 四 | — | — | — | — |
| 菸葉 | — | — | — | 一二四 | 九二 | 八八 |

從上表觀之、殊爲顯明、最要之商品爲石油產品、佔東印度進口貨物百分之六十、在一九三二年菲律濱進口之咖啡數達二、九二五噸、其中二、二三六噸係進自東印度、價值四八九千荷盾、餘者乃由夏威夷進口、自一九三三年至一九三六年由東印度進口者之價值各爲六五二千盾、四六〇千披索、五六〇千披索、三二五千盾、東印度爲供給規那產品首要之根源、但此種進口額、在一九三二年爲一、四六七公斤（基羅格蘭姆）、價值四萬五千盾、迨一九三二年時降至七四三公斤、價值二萬三千盾、一九三三年爲三萬二千盾、一九三四年爲五萬三千披索、一九三五年爲五萬四千披索、一九三六年爲九萬七千披索、菸葉進自東印度者極少、（在一九三二年佔進口總額八三六噸中之三一・二噸）、一九三四年爲十二萬四千披索、一九三五年爲九萬二千披索、一九三六年爲八萬八千披索、大都購自美國、尚有大量進口之薯產品、亦由東印度供給（在一九三二年佔進口總額二、一二〇噸中之一、九七四噸）、餘者乃來自中國、

自菲律濱輸往東印度之出口貨物、分爲國內產品及國外產品兩種、屬於國外者大都爲美國產品、近年來國內產品出口額劇減、比較上尙無關重要、蓋因東印度本身亦係糖、椰子產品、以及其他熱帶產品之主要生產國、自菲律濱所進口者、惟馬尼剌蘇與繩索耳、

茲將菲島歷年輸往東印度之繩索價值及百分率、列表於下：

| 年份 | 價值（單位披索） | 百分率 |
|---|---|---|
| 一九三二年 | 五四、五九七 | 四・一四 |
| 一九三三年 | 四〇、一七三 | 二・二二 |
| 一九三四年 | 八五、六七〇 | 三・二一 |
| 一九三五年 | 八二、八四八 | 三・五七 |
| 一九三六年 | 一四〇、一四二 | 五・八五 |

茲將菲島與東印度羣島歷年進出口貿易總額及百分率列表於下：（單位千披索）

| 年份 | 自東印度進口總額 | 輸往東印度出口總額 | 百分率 | |
|---|---|---|---|---|
| | | | 進口 | 出口 |
| 一九三五年 | 三、六六五 | 五五七 | 二・一 | 〇・三 |
| 一九三六年 | 三、三七九 | 六八一 | 一・七 | 〇・二 |
| 一九三七年 | 四、五三七 | 八九三 | 二・一 | 〇・三 |
| 一九三八年 | 五、八四二 | 九九一 | 二・二 | 〇・四 |

## 六、與中國之貿易

### （甲）中國在菲律濱貿易上之地位

據菲律濱統計記錄所示、當西班牙統治菲島末年時、及美國佔領菲島初年時、在各貿易國內、中國一度會列首席、在一八九九年與各國之貿易額以百萬菲幣爲單位、按序排列如下：中國（二四・七）、英國（一三・七）、美國（一〇・六）、西班牙（七・四）、此種優越時期似已過去、自一九〇九年後、中國之地位恒居第四或第五位、偶然或居第三位、一九三四年居第五位、一九三五年升至第四位、一九三六年降爲第六位、一九三七年復居第五位、一九三八年更降至第六位、在美國、日本、德國、及英國之後、一九二三年至一九三三年之數年中、貿易額平均爲菲幣一七、〇〇〇、〇〇〇披索或平均佔其貿易總額百分之三・三、在同一時期、每年進口額平均菲幣一二、五〇〇、〇〇〇披索、或平均佔菲島進口總額百分之五・五、當進口額平均在菲幣四、四〇〇、〇〇〇披索時、其出口總額或爲百分之一・四、在一九三四年自華之進口額、跌至菲幣五、八〇〇、〇〇〇披索、出口降至菲幣二、一〇〇、〇〇〇披索、一九三五年至一九三七年之進口額平均爲五・八百萬披索、出口額平均爲一・八百萬披索、茲將歷年中國與菲律濱貿易降低之趨勢、與其他國之比較、示表於後：

## 菲律濱羣島與美國、日本、中國、及英國貿易表（價值百萬披索）

| 年份 | 進口總值 | 出口總值 | 美國部份 進口 | 美國部份 出口 | 日本部份 進口 | 日本部份 出口 | 中國部份 進口 | 中國部份 出口 | 英國部份 進口 | 英國部份 出口 |
|---|---|---|---|---|---|---|---|---|---|---|
| 一九二三 | 一七五·〇 | 二四一·五 | 一〇〇·七 | 一七〇·一 | 一六·一 | 一五·四 | 一五·五 | 二·四 | 二·九 | 三·七 |
| 一九二四 | 二一六·〇 | 二七〇·七 | 一二〇·八 | 一九四·六 | 一七·一 | 一三·五 | 一四·〇 | 六·〇 | — | — |
| 一九二五 | 二三九·五 | 二九七·八 | 一三八·六 | 二一八·一 | 二一·九 | 一一·七 | 一三·九 | 六·九 | — | — |
| 一九二六 | 二三八·六 | 二七三·八 | 一四五·二 | 二〇〇·〇 | 二五·二 | 一四·六 | 一五·二 | 六·四 | — | — |
| 一九二七 | 二三一·七 | 三二一·一 | 一四五·〇 | 二三三·一 | 二三·二 | 一五·四 | 一二·九 | 五·二 | 七·一 | 六·三 |
| 一九二八 | 二六九·五 | 三一〇·一 | 一六七·七 | 二三一·二 | 二五·九 | 一五·九 | 一三·二 | 七·〇 | 九·二 | 六·五 |
| 一九二九 | 二九四·五 | 三二八·九 | 一八五·二 | 二四八·九 | 二七·九 | 一四·五 | 一四·二 | 六·四 | 九·七 | 七·一 |
| 一九三〇 | 二四六·二 | 二六六·五 | 一五六·四 | 二一〇·七 | 二五·九 | 八·七 | [illegible] | 四·二 | 九·五 | 三·八 |
| 一九三一 | 一九八·四 | 二〇七·九 | 一二四·五 | 一六六·八 | 二一·〇 | 七·[illegible] | 一一·六 | 二·五 | 七·四 | 二·四 |
| 一九三二 | 一五八·七 | 一九〇·七 | 一〇三·六 | 一六五·三 | 二三·三 | 五·一 | 一〇·七 | 一·二 | 五·七 | 二·七 |
| 一九三三 | 一四九·四 | 二一一·五 | 八七·一 | 一八二·六 | 二一·四 | 五·九 | 六·九 | 一·七 | 四·五 | 三·七 |
| 一九三四 | 一六七·二 | 二二〇·八 | 一〇八·七 | 一八三·七 | 二〇·七 | 八·五 | 五·九 | 二·一 | 四·三 | 四·九 |
| 一九三五 | 一七一·一 | 一八八·四 | 一〇八·七 | 一四九·九 | 二四·五 | 一〇·七 | 五·六 | 一·七 | 三·六 | 五·八 |
| 一九三六 | 二〇三·二 | 二七二·八 | 一三三·九 | 二一五·〇 | 二六·五 | 一六·八 | 五·四 | 一·九 | 五·五 | 八·五 |
| 一九三七 | 二一八·〇 | 三〇四·六 | 一三六·七 | 二四五·五 | 三二·二 | 二〇·〇 | 六·六 | 一·九 | 五·二 | 一三·五 |
| 一九三八 | 二六五·〇 | 二三二·〇 | 一八一·〇 | 一七九·〇 | 二五·八 | 一五·四 | 六·一 | 一·九 | 五·七 | 六·〇 |
| 一九三九 | 二四六·〇 | 三四一·〇 | 一六七·〇 | 一八六·〇 | 一五·四 | 一五·八 | 不詳 | 不詳 | 不詳 | 不詳 |

182

（乙）菲律濱在中國貿易上之地位

菲律濱在中國國外貿易上、永未佔得重要地位、自一八七〇年以來、即中國貿易總額百分之一之數字亦未達到、在各貿易國中、菲律濱恒居第十位以下、自一九三二年起貿易額逐見降跌、一九三三年之貿易額僅達關金四百九十餘萬元、一九三四年關金五百十餘萬元、一九三五年亦關金五百十餘萬元、一九三六年降爲關金四百四十餘萬元、一九三七年升至關金四百七十餘萬元、一九三八年復降爲關金四百四十餘萬元、一九三九年升至關金七百八十餘萬元、一九四〇年更升至關金一千四百餘萬元、一九四一年（一月至十月份止）劇升爲關金二千八百餘萬元、

（丙）貿易平衡

菲律濱與中國間之貿易平衡、多半利於中國方面、除一八六八年、一八七〇年、一八七一年、一八八〇年數年外、自一八六八年至一九〇一年之間、中國與該島之貿易得享出超利益達三十三年之久、其出口超過進口之餘額、爲數不大、每年之差額僅關銀數千兩至三〇〇、〇〇〇兩以上之譜耳、自一九〇二年至一九二六年、貿易趨勢轉變、對於中國方面則轉爲逆境、每年之差額數達關銀一一〇、〇〇〇兩至二、〇〇〇、〇〇〇兩之鉅耳、在一九二〇年、一九二三年、一九二四年期間、中國又變爲出超、在此數年中可云例外情形、自一九二七年至一九三三年、論及該島之貿易、中國復爲出超、每年出超淨額高至關銀四、〇〇〇、〇〇〇兩、再與六十六年中（一九六九——一九三三年）入超累積總額相比、利於中國方面者、爲數亦並不甚大、蓋因出超之淨額再減去入超者、所餘僅關銀二、六〇八、三六二兩耳、一九三四年至一九四一年中國對菲之貿易大都爲出超、每年之出超額平均爲國幣

一三、〇六二、〇〇〇元、

查中國對菲島之貿易平衡、尙佔優勢、歷年大都爲出超、茲將一九三三年至一九四一年之貿易情形、列表於下：

中國對菲島之貿易平衡表（單位國幣）

| 年份 | 進口總額 | 出口總額 | 貿易總額 | 入超 | 出超 |
|---|---|---|---|---|---|
| 一九三三 | 四、二五四、〇〇〇 | 五、四四九、〇〇〇 | 九、七〇三、〇〇〇 | — | 一、一九五、〇〇〇 |
| 一九三四 | 四、九六二、〇〇〇 | 五、一〇七、〇〇〇 | 一〇、〇六九、〇〇〇 | — | 一四五、〇〇〇 |
| 一九三五 | 四、八五四、〇〇〇 | 四、八〇七、〇〇〇 | 九、六六一、〇〇〇 | 四七、〇〇〇 | — |
| 一九三六 | 四、〇一九、〇〇〇 | 六、一〇三、〇〇〇 | 一〇、一二二、〇〇〇 | — | 二、〇八四、〇〇〇 |
| 一九三七 | 三、八八三、〇〇〇 | 六、九四五、〇〇〇 | 一〇、八二八、〇〇〇 | — | 三、〇六二、〇〇〇 |
| 一九三八 | 三、五二一、〇〇〇 | 六、七〇三、〇〇〇 | 一〇、二二四、〇〇〇 | — | 三、一八二、〇〇〇 |
| 一九三九 | 四、一四八、〇〇〇 | 一五、三八二、〇〇〇 | 一九、五三〇、〇〇〇 | — | 一一、二三四、〇〇〇 |
| 一九四〇 | 五、九九九、〇〇〇 | 三二、二五七、〇〇〇 | 三八、二五六、〇〇〇 | — | 二六、二五八、〇〇〇 |
| 一九四一（一月至十月止） | 九、四三六、〇〇〇 | 六七、七六四、〇〇〇 | 七七、二〇〇、〇〇〇 | — | 五八、三二八、〇〇〇 |

以上數字僅代表有形之餘額、此外尙須加以無形之進口額、例如居住菲島、在零售、米、菸草、木材、椰子及梄等業、獲佔强大勢力之中國商人之匯款、華商匯家之鉅額匯款、準確之數似乎難得、但據美國當局之估値、在一九二八年至一九二九年間匯往中國之匯款數達港幣一二、五〇〇、〇〇〇

元、但實際上之數額、反比根據十家銀行之記錄所估值者爲大、而由本人帶回中國者更無從探知、後來華人居在菲島者、無不遭受社會上與財政上之壓迫、

（丁）貿易之分析

菲律濱與中國之貿易、值額雖小、但包括商品殊多，從貿易性質上觀之、即可察出中國在實業上較爲進步、輸往菲島之貨物、數量不論多少、種類繁多、此種景況、由於交通便利迅速、兩國商人感情親密所致也、在戰前日本得享較低關稅之優待、極力與中國出口貿易競爭、在此環境之下、不論中國普通產品或製造品、均難與日貨並行、雖有華僑極力提倡推廣、其勢終難勝之、故中國紡織品之出口遭受此種困難、莫不灰心失望、食料出口如豆、蛋、火腿、猪油、花生油等爲數亦不多、在他方面言之、菲律濱之出口大都爲主要產品、如糖、椰子產品、在中國市場上、因遇東印度、日本、馬來等之劇烈競爭、處於孤獨地位、似無協助可言、然而例如蔴、繩索等物、菲律濱似對於該業、有獨佔之優點、但中國需要數量又不甚大、中國對菲律濱菸草、硬木之出口、佔數亦頗稀少、簡而言之、按此情形觀察、雙方係皆處於無益地位、國人希望新共和國對於居菲華人之限制及關稅等均能予以改良、屆時兩國間貿易之增進、立即可見矣、

自菲律濱進口之主要物品、例如下表所示、分爲數種、在一九三四年進口貨物中以金絲草纖維品佔百分之十二、木材佔百分之十、糖及糖漿佔百分之九、椰子油佔百分之四、以及水菓等共佔中國進口總額百分之七十、餘者百分之三十、則係其他雜項、海產品及酒精爲其中之較要項目、査一九三五年至一九四一年、除木材自關金三八三、三六三元劇增至一、五五六、四二五元外、其他各項進口貨

物、歷年數額、大致相彷、茲將中國自菲律濱之進口貨物、列表如下：

中國自菲律濱進口貨物表（關金單位）

| 貨名 | 一九三三年份 | 一九三四年份 | 一九三五年份 | 一九三六年份 | 一九三七年份 |
|---|---|---|---|---|---|
| 金絲草纖維等 | 關金 四三三、二四二 | 關金 五四三、八四七 | 關金 五七六、八〇六 | 關金 六〇三、六六九 | 關金 四五〇、五七二 |
| 亞蔴苧蔴大蔴 | 一八九、〇六一 | 三三九、一〇四 | 一二六、九九二 | 一七〇、七九五 | 二一一、五七〇 |
| 菸草 | 二八一、二六二 | 三〇三、六三九 | 二五九、三五〇 | 二〇九、五七〇 | 二〇九、八九八 |
| 木材 | 三二七、九一五 | 二五三、九七一 | 三八四、三六五 | 二六五、八三三 | 三三〇、六六七 |
| 糖及糖漿 | 一五八、〇六〇 | 三三八、九七四 | 三二七、〇九九 | 三三八、一九一 | 三三三、八四六 |
| 椰子油 | 一八四、九三七 | 一〇五、二四八 | 一一、九七五 | 三四、三一五 | 三四、八五六 |
| 酒精 | 一四六、九七七 | 九〇、七三〇 | 四、五六六 | 二一〇 | 二七、三二五 |
| 水菓 | 七九、九〇五 | 一二九、七七〇 | 一八二、三八〇 | 七五、六九八 | 六二、五四七 |
| 米 | 三四、九八五 | 六、五八一 | — | — | — |
| 海產品 | 七四、〇七四 | 一〇二、三八一 | 一四、二九七 | 二〇、七九八 | 二八、一四〇 |
| 其他 | 二七四、四二六 | 五三三、八七〇 | 七五一、一七四 | 一七五、九三四 | 一五四、四〇一 |
| 共計關金 | 二、一八四、八四〇 | 二、五三四、一一五 | 二、六一八、〇〇〇 | 一、七八五、〇〇〇 | 一、七〇八、〇〇〇 |
| 或國幣 | 四、二五四、〇八九 | 四、九六三、一三五 | 四、八五四、〇〇〇 | 四、〇一九、〇〇〇 | 三、八八五、〇〇〇 |
| 佔總數之百分率 | 0·三一% | 0·四八% | 0·五二% | 0·四五% | 0·四一% |

| 貨名 | 一九三八年份 | 一九三九年份 | 一九四〇年份 | 一九四一年（一月至十月止） |
|---|---|---|---|---|
| 金絲草纖維等 | 關金 三九六、六六四 | 關金 三二八、〇〇一 | 關金 五八一、三八五 | 關金 三六三、三三一 |
| 亞蔴苧蔴大蔴 | 三一七、九七〇 | 一九三、九六〇 | 三九〇、二六七 | 三〇四、〇五七 |
| 菸草 | 一二三、五〇九 | 一四〇、五三三 | 一九〇、一六一 | 二三〇、六八一 |
| 木材 | 三八八、三七五 | 七五六、七〇一 | 七六六、三〇七 | 一、五五六、四二五 |
| 糖及糖漿 | 八三、〇三五 | 二五、三三八 | 八七八 | 六五七 |
| 椰子油 | 七九、三五七 | 五一、四七四 | 四五、八七九 | 二二四、六七七 |
| 酒精 | 二三、五一六 | — | 六、五四一 | 一四一、一七五 |
| 水菓 | 二七、八四五 | 六八、六五〇 | 九、六八七 | 一七九、二六五 |
| 米 | — | — | — | — |
| 海產品 | 三五、五五六 | 三九、五二五 | 七〇、〇一〇 | 一五四、一五一 |
| 其他 | 五七、一七五 | 七五、八五一 | 一五四、八六五 | 五七五、七八五 |
| 共計關金 | 一、五三一、〇〇〇 | 一、六七七、〇〇〇 | 二、二二六、〇〇〇 | 三、四八二、〇〇〇 |
| 或國幣 | 六、五三二、〇〇〇 | 四、一四八、〇〇〇 | 五、九九九、〇〇〇 | 九、四二六、〇〇〇 |
| 佔總數之百分率 | 〇・三九% | 〇・三一% | 〇・二九% | 〇・四三% |

金絲草——編製草帽之金絲草爲菲島著名產品、後在中國頗爲風行、一九三四年中國進口之金絲草纖維品額值關金六九六、七四三元、其中購自菲島者爲關金五四二、八四七元、一九三五年自菲島進口者爲關金五七六、八〇六元、一九三六年增爲六〇三、六六九元、一九三七年減至四五〇、五七二元、一九三八年三九六、六六四元、一九三九年三二八、〇〇一元、一九四〇年五八一、三八五元

、一九四一年（至十月份止）為二六二、二三一元、

蔴與繩索——中國進口之蔴及繩索、在一九三三年為關金六三六、〇〇〇元、一九三四年為關金六一八、〇〇〇元、一九三五年為關金七、一六二、一〇一元、一九三六年為七、九四八、五〇三元、一九三七年為九、〇一八、九二四元、一九三八年為六、三七八、五四一元、一九三九年為八、三五九、九〇八元、一九四〇年為一五、二一六、五九四元、一九四一年（十月份止）為四、四四二、九五九元、在供給國中、菲島佔蔴之首席、而日本則佔繩索之第一位、關於菲島部份之數額列如下表：

| | 一九三三年份 | 一九三四年份 | 一九三五年份 | 一九三六年份 | 一九三七年份 |
|---|---|---|---|---|---|
| 蔴 | 關金一〇五、七三三元 | 一二七、三九三元 | 五〇、九八三元 | 八九、〇六九元 | 一三三、三三九元 |
| 繩索 | 七六、三五九元 | 七四、〇六四元 | 六八、一六三元 | 七八、〇一八元 | 七八、一四〇元 |
| 蔴織品 | 八、九六九元 | 一一、七四八元 | 七、八四七元 | 三、七〇八元 | 九二一元 |
| 共計 | 關金一九一、〇六一元 | 二一三、二〇四元 | 一二六、九九三元 | 一七〇、七九五元 | 二一二、四〇〇元 |

| | 一九三八年份 | 一九三九年份 | 一九四〇年份 | 一九四一年（一月至十月止） |
|---|---|---|---|---|
| 蔴 | 關金二〇八、九三四元 | 一二八、五八二元 | 一九一、七四四元 | 一九四、九四三元 |
| 繩索 | 一〇七、三七八元 | 七四、三一七元 | 一九五、六六九元 | 一〇九、一一五元 |
| 蔴織品 | 一、五九八元 | 六一元 | 二、八七四元 | — |
| 共計 | 三一七、九一〇元 | 二〇二、九六〇元 | 三九〇、二八七元 | 三〇四、〇五七元 |

菸草——菸草為菲島主要產品之一、大量菸葉乃輸往美國、出口至中國者僅佔其出口總額百分之一至百分之二、自菲島進口之雪茄烟約佔其進口總額百分之七十、茲將中國自菲進口額例表如下：

188

| | 一九三三年份 | 一九三四年份 | 一九三五年份 | 一九三六年份 | 一九三七年份 |
|---|---|---|---|---|---|
| 捲烟……關金 | 一三、〇三五元 | 一五、七六八元 | 三四、八八一元 | 三六、一四四元 | 三一、九四四元 |
| 雪茄烟…… | 一九四、六四〇元 | 一七五、一七五元 | 一七三、九七七元 | 一四四、五六五元 | 一四〇、四五〇元 |
| 煙葉…… | 五三、五八七元 | 二一、六八八元 | 八〇、三七六元 | 六〇、九四九元 | 六四、七五五元 |
| 其他…… | —— | 七、六七六元 | 二〇、一三六元 | 一、一二三元 | 一、九〇〇元 |
| 共計…… | 二六一、二六二元 | 三二〇、三一五元 | 三五九、三五〇元 | 二〇九、五七〇元 | 二〇九、八九九元 |

| | 一九三八年份 | 一九三九年份 | 一九四〇年份 | 一九四一年份（一月至十月止） |
|---|---|---|---|---|
| 捲烟……關金 | 四、八八二元 | 八二九元 | 一、〇八三元 | 二、二八〇元 |
| 雪茄烟…… | 七二、九六五元 | 七九、三三七元 | 九九、九七八元 | 八一、〇三五元 |
| 煙葉…… | 四三、九八四元 | 五八、〇四六元 | 八八、八一三元 | 一三六、九一六元 |
| 其他…… | 一、六七八元 | 二、三一〇元 | 一、三〇九元 | 五五三元 |
| 共計…… | 一二三、五〇九元 | 一四〇、五二二元 | 一九〇、一六一元 | 二二〇、七八一元 |

木材——自菲島進口之木材以硬木爲最多、

糖漿——中國自菲島進口糖産、未免太不經濟、惟有進口小量之糖漿耳、

椰子油——椰子油爲製皂及食物中重要之成分也、中國每年之進口額恒達關銀一、〇〇〇、〇〇〇兩、近年來自菲島進口之椰子油數額、逐年降低、菲島出産者佔世界産額三分之一、但多半産品乃輸往美國、中國進口之椰子油、大都進自昭南、自菲島者僅佔小部份、

中國出口至菲島之貨物、包括種類繁多、茲特細述於中國出口貿易分析表中、其中主要之出口貨物爲製造品、次爲食料、以紡織品爲大宗、幾佔製造品出口之全部、近來化學産品亦有出口、輸往該島之食料大都包括蛋類、火腿、猪油、以及蔬菜品等、輸往菲島之原料及半製品中、則以煤、燃料、

植物油等數種爲最、由下表可以看出輸往菲島之紡織品食料等約佔出口總額百分之七十、其他各種物品則佔其餘百分之三十、

自中國出口至菲律濱之貨物表（價值國幣單位）

| 貨名 | 一九三三年份 | 一九三四年份 | 一九三五年份 | 一九三六年份 | 一九三七年份 |
|---|---|---|---|---|---|
| 紗、線 | 國幣 一、〇〇五、八五〇 | 國幣 一、一八五、七一三 | 國幣 一、〇八八、九八〇 | 國幣 一、三六三、〇一七 | 國幣 一、一七四、九〇三 |
| 疋頭 | 八四九、七一三 | 八三〇、九二五 | 三六七、一七三 | 一、〇四七、二五一 | 一、四六〇、二〇五 |
| 紡織纖維 | 六四、二二八 | 七五、六四九 | 一二五、五八七 | 一七七、九七一 | 二六六、六一〇 |
| 其他紡織品 | 一七八、二六六 | 一八〇、九二一 | 二二六、七八五 | 二九三、四〇〇 | 三〇三、二五六 |
| 動物產品 | 八九七、二二一 | 七三二、六五五 | 七〇五、七五〇 | 七九七、九二〇 | 八七〇、四六六 |
| 蔬菜及植物產品 | 四七〇、七一四 | 四六一、三三四 | 四七九、二五二 | 四八七、九五五 | 六〇九、七八二 |
| 豆 | 五五九、五五六 | 三六三、六三九 | 三四五、六八五 | 五五四、一二九 | 三四一、二〇四 |
| 鮮菓 | 一三六、八一一 | 一四三、三八三 | 三三五、四五六 | 二五六、五七九 | 一七六、四一五 |
| 花生油 | 一五九、八〇〇 | 一一八、〇二七 | 一〇七、八四一 | 一三七、七七九 | 二〇六、二七七 |
| 雜糧及其製品 | 七五、二三〇 | 九〇、三八〇 | 二六六、九三四 | 八六、二九九 | 三五五、三五九 |
| 茶 | 一一八、六三五 | 一五九、九〇八 | 一〇〇、六五五 | 九〇、二七四 | 八二、七一九 |
| 子仁 | 五〇、九六六 | 四五、九一一 | 二〇一、九四九 | 二五〇、六九八 | 二六七、八八六 |
| 魚介及海產品 | 一九、一九七 | 一六、七二四 | 一五、〇一〇 | 二〇、五七二 | 三四、〇六五 |
| 紙張 | 四四、九〇四 | 三三、九八七 | 四七、九一八 | 五一、五五五 | 五八、二二一 |
| 燃料、煤 | 七三、六八八 | 一三、七三二 | 六五、四四三 | 五五、九二五 | 六九、九二一 |
| 木製品 | 一四、八七二 | 一〇、九四二 | 一三、三五四 | 一八、六六四 | 二六、三三四 |
| 金屬及金屬產品 | 一〇五、六六〇 | 一〇五、五九三 | 八四、八〇一 | 一六五、二六二 | 二二九、一七〇 |
| 玻璃及玻璃器 | 三六、六一七 | 三三、三五三 | 二三、三九〇 | 五六、二〇六 | 二八、七一八 |
| 瓦及陶器（搪瓷器在內） | 七二、七六二 | 四六、一二〇 | 三〇、七九七 | 六六、四九五 | 八九、九九四 |
| 化學品、化裝品 | 六二、四六〇 | 四三、七四〇 | 三一六、二一八 | 四二、一〇一 | 七九、八八六 |
| 印刷品 | 六四、五〇八 | 三四、八六五 | 二五、七一六 | 二九、〇〇四 | 四二、四四七 |
| 雜貨 | 六〇九、一五七 | 四七九、三三六 | 二八六、七一一 | 三九三、五六七 | 三〇七、四八七 |
| 共計國幣 | 五、四四八、七一三 | 五、一〇七、〇八五 | 四、八〇七、〇〇〇 | 六、一〇三、〇〇〇 | 六、九四五、〇〇〇 |
| 或關金 | 二、七八一、八五五 | 二、六〇五、七五一 | 二、五〇七、〇〇〇 | 三、七〇〇、〇〇〇 | 三、〇五四、〇〇〇 |
| 佔總數之百分率 | 〇.八九% | 〇.九五% | 〇.八四% | 〇.八六% | 〇.八三% |

| 貨名 | 一九三八年份 國幣 | 一九三九年份 國幣 | 一九四〇年份 國幣 | 一九四一年份（一月至十月止） 國幣 |
|---|---|---|---|---|
| 紗、線 | 七八八、三三七 | 九四七、八九一 | 二、二九三、六一五 | 七、四八六、七四三 |
| 疋頭 | 一、一七六、五九九 | 三、六〇〇、五五〇 | 七、一九三、九七〇 | 二、七七七、三九九 |
| 紡織纖維 | 七五、一九八 | 六四、九七一 | 一二一、〇一九 | 二三七、七一四 |
| 其他紡織品 | 一、四〇〇、〇八四 | 二、九三七、五一六 | 四、八四六、八八四 | 一、三八〇、〇六七 |
| 動物產品 | 四六〇、三四五 | 一、八五〇、九七三 | 四、一六九、四四九 | 一、七九八、八七八 |
| 蔬菜及植物產品 | 四八五、六一八 | 九八八、四八四 | 二、〇八三、五六九 | 四、七八六、四七〇 |
| 豆 | 一一四、二五二 | 五〇一、〇八二 | 一、三八〇、三六五 | 七七九、八二三 |
| 鮮菓 | 三五一、九七九 | 三三六、一七一 | 四八七、一五一 | 一五、〇三七 |
| 花生油 | 八四、一九九 | 一三八、八七二 | 一〇八、二三六 | 一五六、三〇六 |
| 雜糧及其製品 | 八、〇〇四 | 一三六、三九〇 | 一三五、三三〇 | 七一一、九二七 |
| 茶 | 五八、七六八 | 六〇、四一九 | 一四三、七九九 | 一三四、六一九 |
| 子仁 | 一〇五、七一五 | 一九三、三九八 | 三二四、四五五 | 三四二、四一七 |
| 魚介及海產品 | 二八、四五三 | 八〇、八四二 | 九二、九八六 | 一〇七、八六九 |
| 紙張 | 六五、四五八 | 七五、五四五 | 一四三、五五五 | 一九四、四八七 |
| 燃料、煤 | 五二、六五九 | 一〇、六四四 | 一一一、九二一 | 二九七、八七六 |
| 木製品 | 四五、二七一 | 二二六、〇五〇 | 三二四、四五四 | 四二五、〇一六 |
| 金屬及金屬產品 | 四〇五、五七三 | 七〇八、九二九 | 二、〇三三、三五二 | 六、六三八、〇一二 |
| 玻璃及玻璃器 | 一五八、四四〇 | 七三四、六一四 | 一、三八八、六四九 | 一、九三〇、六七一 |
| 瓦及陶器（搪瓷器在內） | 一一七、〇七三 | 五五四、〇五八 | 一、四六五、八二〇 | 二、一[illegible]七、三三四 |
| 化學品、化裝品 | 七三、五二一 | 一一三、二六三 | 一九三、六一六 | 三〇〇、八八〇 |
| 印刷品 | 三八、五八五 | 一二三、一六八 | 一七一、四四〇 | 一四八、九八三 |
| 雜貨 | 七二九、一八四 | 二、三四七、八九一 | 四、一六七、七六九 | 四、九五九、五五八 |
| 共計國幣 | 六、七〇三、〇〇〇 | 一五、五八二、〇〇〇 | 三二、三五七・〇〇〇 | 六七、七八四、〇〇〇 |
| 或關金 | 二、八八七、〇〇〇 | 六、一五五、〇〇〇 | 一一、九一六、〇〇〇 | 二五、〇三五、〇〇〇 |
| 佔總數之百分率 | 〇・八八% | 一・五一% | 一・六五% | 二・六二% |

紡織品——輸往菲島之主要物品、以紡織品居多數、尤以棉紗、疋頭貨爲最、但在中國紡織品出口總額之百分比上、仍佔極少數、中國紡織品在菲島市場遭遇美國、日本、英國之劇烈競爭、自中國

進口之貨物、包括棉紗、細布、疋頭、襪類、絲織品、繭綢等數種、關於此項可由下例之輸往菲律濱出口貨物表中見之：（價值國幣單位）

| 貨名 | 一九三三年份 | 一九三四年份 | 一九三五年份 | 一九三六年份 | 一九三七年份 |
|---|---|---|---|---|---|
| 紗、線 | | | | | |
| 棉紗 | 國幣 八六二、四八〇 | 國幣 九九六、一九〇 | 國幣 九〇八、二五八 | 國幣 九五八、五三三 | 國幣 七五一、四七一 |
| 短襪長襪 | 六七、六九三 | 一〇〇、五九四 | 八五、五六三 | 一〇八、二三八 | 一四三、七六一 |
| 未列名紗線 | 一九、九〇三 | 三〇、七六八 | 一四、〇〇五 | 四三、五一五 | 三八、一九一 |
| 抽紗品 | 一四、一六八 | 七、一一三 | 一五、五五〇 | 二〇、五六九 | 八、一一三 |
| 棉繡花邊 | 三九、六〇八 | 四一、二四〇 | 三六、一五〇 | 七八、六五五 | 二三二、五七四 |
| 其他 | — | — | 二九、〇五四 | 六四、七一八 | 七九一 |
| 共計 | 國幣一、〇〇三、八五〇 | 一、一八五、七一五 | 一、〇八八、五八〇 | 一、三六五、〇一七 | 一、一七四、九〇三 |
| 疋頭 | | | | | |
| 棉布 | 國幣 一八八、八〇七 | 國幣 三五三、六三〇 | 國幣 一八六、〇六四 | 國幣 三四三、四〇九 | 國幣一、〇三五、〇三三 |
| 粗布及細布 | 九六、九五八 | 三六、一〇一 | 一六、七四一 | 三七〇、一八九 | 三五九、四六三 |
| 土布 | 九三、三七二 | 六五、四〇五 | 七四、一三五 | 二五七、八三〇 | 三五五、八七八 |
| 粗細斜紋布 | 一八、〇五一 | 一三、三四五 | 六、七三〇 | 二八、四四〇 | 四八、七一五 |
| 繭綢 | 二九、五三七 | 六四、五七六 | 五五、八三七 | 五一、三一七 | 七一、五五六 |
| 蠶絲綢緞 | 二七一、九五一 | 四一、六〇八 | 三八、〇〇三 | 一三、六一六 | 一八、六一七 |
| 未列名疋頭 | 一四九、〇五六 | 三五八、四六〇 | 二七、八九四 | — | — |
| 其他 | — | — | 四、七七八 | 二〇、四六〇 | 九七三 |
| 共計 | 國幣 八四九、七一二 | 八三〇、九三五 | 五六七、一七三 | 一、〇四七、三二一 | 一、四六〇、三〇三 |

| 貨名 | 一九三三年份 | 一九三四年份 | 一九三五年份 | 一九三六年份 | 一九三七年份 |
|---|---|---|---|---|---|
| 紡織纖維 | | | | | |
| 廢棉花 | 國幣 二〇、七一三 | 國幣 一九、一六五 | 國幣 一九、九九七 | 國幣 二九、一八八 | 國幣 一五、三三六 |
| 絲 | 四〇、六一八 | 四八、三三四 | 五〇、四七三 | 一九、五四〇 | 四九、六七四 |
| 絲經 | 二、八八八 | 六、一五〇 | 五五、一一八 | 一二九、二四三 | 二〇一、六〇〇 |
| 共計 | 國幣 六四、二一八 | 七三、六四九 | 一二五、五八七 | 一七七、九七一 | 二六六、六一〇 |
| 其他紡織品 | | | | | |
| 服裝 | 國幣 六九、六八一 | 國幣 七四、一二七 | 國幣 一〇七、四九四 | 國幣 一三八、六五一 | 國幣 八三、七一四 |
| 棉毯、線毯 | 一五、二八九 | 三、九三六 | — | — | — |
| 棉巾 | 三二、四一九 | 三三、七四八 | 三四、五五五 | 四五、七九五 | 五七、〇六六 |
| 毛地毯（毛棉毯及地毯在內） | 五九、二一五 | 五二、一二四 | 四八、一一四 | 六八、七四七 | 七九、二八八 |
| 鞋襪 | 一一、八五五 | 五、八六五 | 二五五 | 一、五三三 | 一、三二〇 |
| 手帕 | 三、三九五 | 一六 | — | — | — |
| 粗蔴地毯 | 二〇、一五三 | — | — | — | — |
| 棉製品 | 二一、七九五 | 一六、二二三 | 一五、二六六 | 三〇、四三七 | 三三、一八九 |
| 絲製品 | 五、三六七 | 四、八九四 | 四、八三四 | 四、八九六 | 八、八〇九 |
| 其他 | — | — | 六、二四四 | 一二、三九二 | 四〇、八八〇 |
| 共計 | 國幣 一七八、二六六 | 一八〇、九三二 | 二一八、七七二 | 二九二、四五〇 | 三〇三、二五八 |

148

| 貨名 | 一九三八年份 | 一九三九年份 | 一九四〇年份 | 一九四一年份（一月至十月止） |
|---|---|---|---|---|
| 線棉紗 | | | | |
| 棉紗 | 國幣 四三六、四二一 | 國幣 三〇一、八九一 | 國幣 七七二、〇七〇 | 國幣 四、二八九、六一五 |
| 短襪長襪 | 二〇三、〇〇五 | 二八九、四七九 | 九五〇、四七九 | 二、一四六、四四七 |
| 未列名紗線 | 二九、七九六 | 四二、七一五 | 三〇四、八一四 | 五八七、六五六 |
| 抽紗品 | 三六、〇四〇 | 五七、九四九 | 八一、八七六 | 一四〇、一六三 |
| 顧繡花邊 | 八一、三五八 | 二五五、二〇二 | 一六九、一四〇 | 五二〇、四六〇 |
| 其他 | 一、六〇七 | 六五五 | 一四、二三六 | 二、四三三 |
| 共計 | 國幣 七八八、二二七 | 九四七、八九一 | 二、二九二、六一五 | 七、四八六、七四三 |
| 疋頭 | | | | |
| 棉布 | 國幣 八四六、三七二 | 國幣 一、四二九、四八三 | 國幣 三、八七二、八七六 | 國幣 一〇、一〇四、七〇八 |
| 粗布及細布 | 二〇六、〇四〇 | 一、五三五、四一六 | 二、八七四、八七四 | 九、八七九、四九七 |
| 土布 | 五〇、四〇五 | 三五、三六三 | 六〇〇 | 一、九九〇 |
| 粗細斜紋布 | 一二、一六〇 | 五四八、九五五 | 一二五、九一五 | 一、四〇六、三三五 |
| 蘇綢 | 二四、三八八 | 一六、九五九 | 一三、五七八 | 一九、一四〇 |
| 蠶絲綢緞 | 二八、八八二 | 一五、〇二三 | 一〇、二七四 | 四〇、五五二 |
| 未列名疋頭 | — | — | 三〇六、八五五 | 一三四、一二八 |
| 其他 | 八、一五二 | 三一、三五四 | — | 二〇一、一五九 |
| 共計 | 國幣 一、一七六、三九九 | 三、六〇〇、五三〇 | 七、一九五、九七〇 | 二一、七七七、三九九 |

| 貨名 | 一九三八年份 | 一九三九年份 | 一九四〇年份 | 一九四一年份（一月至十月止） |
|---|---|---|---|---|
| 紡織纖維 | 國幣 | 國幣 | 國幣 | 國幣 |
| 廢棉花 | 二七、〇八四 | 五〇、二六九 | 四九、六四五 | 一六四、三六四 |
| 絲 | 三二、四九七 | 一四、四八三 | 五五、一四〇 | 五三、二二〇 |
| 絲經 | 一五、六一七 | 二一九 | 六、二三四 | 二一、一三〇 |
| 共計 | 國幣 七五、一九八 | 六四、九七一 | 一一一、〇一九 | 二三七、七一四 |
| 其他紡織品 | | | | |
| 服裝 | 國幣 九三八、七二五 | 國幣 二、二三八、七八三 | 國幣 三、一三七、八九九 | 國幣 一〇、三四〇、七七六 |
| 棉毯、絨毯 | — | 二三七、〇一八 | 五三八、九三〇 | 五〇二、三六九 |
| 棉巾 | 一四六、五一九 | 一五三、五三一 | 二九九、一三六 | 四三五、六八六 |
| 毛地毯（毛棉毯及地毯在內） | 一二一、六三四 | 一五四、五六九 | 一五五、三四七 | 六五、八三〇 |
| 鞋襪 | 三、八五二 | 九、五五七 | 一、三二四 | 一一、五三〇 |
| 手帕 | — | — | 三六七、二一五 | 四八八、二九五 |
| 粗麻地毯 | — | — | — | — |
| 棉製品 | 四二、二八四 | 八五、九六九 | 二四三、〇九八 | — |
| 絲製品 | 六、五八〇 | 七、六五九 | 一〇、四〇二 | 六、三三六 |
| 其他 | 一四九、八八〇 | 七〇、八三〇 | 九三、五一三 | 五二九、四五五 |
| 共計 | 國幣 一、四〇〇、〇五四 | 二、九五七、五一六 | 四、八四六、八五四 | 一二、三八〇、〇六七 |

145

蛋與蛋產品——蛋與蛋產品在中國出口商品中代表極重要之項目、除歐美外、中國蛋類在香港、日本、菲律濱均獲有固定之市場、以前輸往菲島之蛋產約佔出口總額百分之十、菲島當地之蛋產僅能應付三分之一之需要、故該島每年之鮮蛋進口、幾達菲幣二、〇〇〇、〇〇〇披索、自一九二八至一九三二年之間、每年自中國進口之蛋平均菲幣約二、〇〇〇、〇〇〇披索、由中國供給者佔其進口總額百分之九十八、自一九三二年時、進口稅由每百公斤(約二千只蛋)納稅二披索增爲每百只蛋二披索、此種增稅方法、立即鼓勵菲島養雞事業之發展、因此中國蛋之出口額、在一九三三年減爲四六五、八五二元、一九三四年減爲六二六、二〇七元、一九三五年減爲三二九、二六六元、一九三六年爲四四二、一一一元、一九三七年爲五二四、一八一元、一九三八年驟減爲一七一、一五〇元、一九三九年增至一、五〇五、〇八五元、一九四〇年又增爲二、〇九三、〇一四元、一九四一年(十月份止)突減爲八八二、二七七元、

火腿——菲律濱爲中國火腿及鹹猪肉海外主要市場之一、在往年、中國火腿輸至菲島者、約佔出口總額百分之四十、近年來、該百分率雖降至百分之二十五左右、而數量仍見劇增、一九三三年火腿與鹹肉輸往菲島之值額達三四七、七八七元、一九三四年爲三四八、九二一元、自香港運輸者尚不在此數之內、菲島對於中國火腿曾行各種限制方法、如增加進口稅、以及嚴厲及檢驗等等、故意爲難、而限制進口、查一九三五年中國輸菲火腿數額爲三三一、二九九元、一九三六年爲二九〇、七五八元、一九三七年爲二九九、三三〇元、一九三八年爲二八一、八四七元、一九三九年爲三〇四、三六〇元、較往年數額漸見降低、而一九四〇年劇增爲二、〇一一、八八〇元、一九四一年(十月份止)減

爲八二三、一九九元、

猪油——菲島爲中國猪油主要之消耗者、次於昭南、在一九三〇年時、猪油之進口値額曾高至六〇六、〇〇〇披索、數年以來、自中國進口者雖佔其進口額百分之九十九、在一九三二年、猪油之進口稅、每百公斤自五披索增至二十披索、因此在一九三三年、自中國進口之猪油減爲八三、五七二元、一九三四年更減爲九四、二七五元、一九三五年復減爲三四、五四五元、一九三六年爲四五、三四〇元、一九三七年更降爲二七、六八七元、一九三八年之數額不詳、一九三九年降爲五、二五六元、一九四〇年又降爲四、六五二元、一九四一年（十月份止）幾無數可記、

## 七、華人之重要

### （甲）昔日之貿易

追溯中菲間之貿易關係、早在紀元前六百年、當漢朝時、菲人已向中國朝廷進貢、後繼以唐、宋、元、三代、每次皆有少數華商隨帶綢緞至菲與彼等貿易、當四月至六月之際、則以府綢代之、明初時菲當局又向中國朝廷進貢、當時中國政府特派專使承受答謝、此時中菲間之貿易更爲興旺、又有多數福建商人至該島經商、專門銷售棉花、鐵器、紙張以及其他商品等、復以中國耕種方法授之土人、

迨十六世紀西班牙人佔領該島時、已發覺華人在菲固有之强大勢力、當時以巴城（Parjar）爲貿易中心、每年有許多中國商人、隨帶大量之絲、府綢、銅、鐵、五穀等物、聚於該城銷售、返國時、帶回菲幣恆在三十萬至五十萬披索之鉅、西班牙人覩此情形、驀然發生忌妒之心、於是對華人方面

重加各種限制方法、而土人亦時有擾亂華人之事、此種騷亂後爆發於明末、當時華人慘遭兩次屠殺、被殺人數約有四萬五千人、

當美國握得該島時、此種同樣之壓迫、亦未見全部解放、關於華人方面、美人仍追從西班牙政策施行之、對於移民之事限制更爲嚴厲、華人貿易時遭各種方式之拘束、例如華人商店之中式帳簿、一概革去、須以美式帳簿代之、自中國進口之主要貨物、如蛋產等、增加關稅、因之中菲間之貿易遂見暴跌、中國對菲之國外貿易地位、在一八九九年居第一位、迫一九二九年及一九三四年降至第五位、一九三五年升至第四位、一九三六年降爲第六位、一九三七年復居第五位、至一九三八年仍降爲第六位、

以上所述數題、雖不免華僑力量、過不如前、但目下菲島整個之經濟活動力仍操於華人之手、在昔人數雖不及人口總額百分之一、但操佔該島之零售業約百分之九十、例如小商店及遊販等在菲島無遠不屆、專能供給土人之所需、已成爲各地不可缺之貿易、此外華人鉅額之投資與利益、更爲重要、凡碾米場、糖園、椰子、蔴、木材、菸草等產業之屬主、大都均爲華人、華人在菲之投資總額、包括兩大銀行在內、約值菲幣一萬萬至一萬萬六千萬披索云、

（乙）今日之經濟情形

華人在菲近來之經濟情形、遂漸失勢、唯一主要之零售業、已經基本動搖、據云以前曾佔百分之九十之零售業、在不景氣開始時、已降爲百分之八十、但在一九三四年跌至百分之六十、一九三五年又跌至百分之四十五、迄今仍有劇跌趨勢、此種劇跌、不能過於諉責菲人之排外運動、實由於國家經

濟運動廣佈該島所致、此種運動乃由國家經濟保護會施行之、功效極速、此會之組織以保護國內實業爲宗旨、蓋因彼等堅信欲達政治獨立、非先得到經濟獨立不可、斯種愛國運動蔓延如野火、強烈之排外思想、又布滿於菲人腦中、凡外人經營之工商業、無不遭遇强烈之反對、有此關係、華人之零售業當然立受打擊、有幾處地方、彼等主張實行抵制方法甚至用攻擊手段、凡菲人有向華人處購用貨物時、恒被愛國份子所譏笑、甚至絕交、處此環境及社會壓迫之下、一般耐性守法之店主、毫無辦法、惟有關門停止營業矣、

（丙）中華總商會

以往因受世界不景氣之傾軋及菲人壓迫、不幸事件時有所聞、在菲華人有見如此、均極力堅持、非有團結陣線不足抵禦、故有旅菲中華總商會之組織、此種提議首倡於宿務商會、後經怡朗商會及馬尼剌商會董事會通過核准、在一九三四年十一月、聯合會遂即宣告成立、定名爲中華總商會、到會者均爲旅菲各地中華商會之代表、以促進中國商人之經濟利益爲宗旨、

（丁）移民

追溯十世紀前、中國移民即已遷入菲律濱、當時福建商人僅在主要港口設立商肆、除極短時間中止外、迄今仍復如此、當西班牙統治該島時、華商更迭昌盛、致引起土人之覬覦心、違犯經濟競爭條理、每遭慘殺或被驅逐、在此三個半世紀中、中國人數亦各不同、約自一千人起至十萬人以上、以當時通行之政策爲移轉、

當美國統治時、關於中國移民問題、以在美國實行之法律、施於菲律濱、執行以來、對中國之移

民數、管理仍未完美、時有走私之弊、尤以群島南部爲最、茲據一九〇三年之人口調查、中國人數爲四一、〇三五人、一九一八年爲四三、八〇二人、自一九一九年至一九三二年、抵菲者較離菲者多二五、八四四人、近來人數約有二十萬人、若將中菲人通婚之子女包括在內、爲數更必加大、菲島又有多數著名居民佔社會、經濟、政治各界之重要地位者、人皆堅信含有中國血統之關係也、

近來據報抵菲之華人數量、劇減不已、在一九一九年至一九二八年之十年中、每年抵菲淨額約二千四百人、超過一九二九年至一九三二年五百人之數額、在一九三二年離菲總計淨數爲三、三四七人、走私移民、因防禦嚴密數量大減、在一九三三年據報抵菲數額一六、七三三人、離菲者一三、八四一人、抵非淨數爲二、八九二人、一九三四年時、抵菲人數一五、二六三人、離菲者爲一一、六五一人、淨數增至三、六一二人、一九三五年抵菲人數一五、〇二三人、離菲者一二、四〇〇人、抵菲淨數爲二、六二三人、近來對華人除施行極苛刻而且嚴格之移民法外、又强迫華人登記、每五年須註冊一次云、

# 第三章　東印度羣島

## 一、概論

### （甲）地理與人口

東印度包括亞洲東南沿赤道許多羣島、位於較遠之印度與澳洲之間、按地理上該地可分爲三大主要部份：

（1）大巽他羣島（The Greater Sunda Islands）

爪哇（Java）與馬都拉（Madura）、蘇門答臘（Sumatra）、婆羅洲（Borneo）與西里伯（Celebes）、及其他毗連各小島、

（2）小巽他羣島（The Lesser Sunda Islands）

峇厘（Bali）、龍目（Lombok）、松巴哇（Sunbawa）、佛羅里斯（Flores）、帝汶（Timoer）、松巴（Sumba）、及其他若干小島、

（3）摩鹿加與新幾內亞西部（The Moluccas & the western part of New Guinea.）

以爪哇之巴達維亞（Batavia）爲中心、至以下各口岸之距離列表如左：

香港……………………………………一、七九六海里

廣州……………………………………一、八七六海里

上海……二、五〇五海里
神戶……三、一六四海里
昭南……五三二海里
孟買……二、六九六海里
馬賽……七、一五六海里
倫敦……八、八八〇海里
舊金山……七、一五六海里

概論東印度平原之氣候爲熱帶、性質上熱度高、雨量重、疾風多、濕度强、此種情形、殊似備賓、因該地四季之變化、係季風式（Monsoon type）之氣候也、而此種季之變異、又與當地以種種不同之特性、由高大山脈所致者、亦極顯著、但全殖民地祇有一事却爲通例、即乾濕二季是也、濕季或雨季、始自九月至翌年二月底、其餘之年月則爲乾季、其間亦偶有雨量爆發、故强大之日光及豐富之雨量、植物自然生長非常茂盛矣、

至於政治方面、除葡屬之帝汶、北婆羅洲及砂勝越（Sarawak）之外、全部羣島戰前均屬荷蘭管轄、面積總計七三三、四九五方哩、人口總計六〇、七三一、〇二五人、其中包括本地人五九、一四三、〇二八人、歐洲人二四三、〇一一人、及其他東方異國人一、三四三、六九四人、在一九三五年時、計有華人一、二三三、八五四人、日人七、〇〇〇人、

爪哇包括馬都拉（Madoera）、島雖非最大、然最爲重要且最發達、面積總計五一、〇七一方哩

154

、人口稠密、計達四一、七一九、五二四人、每方哩平均八一四人、雖有連緜之火山、自全島中部急轉直下、但全島面積供作農業者、約佔百分之六十六、產樹事業（大都集中於東部及中部）在歐洲實業中、自一九三三年迄今仍佔主要地位、許多咖啡及橡膠種植等、則長於爪哇東部、而茶、規那、橡膠等、均爲西部之最要產品、各種食料——大半爲米——在爪哇播種極廣、普遍全島、此外如玉蜀黍與豰類等亦有生長、

蘇門答臘及四週之各島、計有面積一八二、〇七三方哩、人口八、二五四、八四三人、或每方哩約有四十五人、其重要次於爪哇、佔第二位、東部沿海各區域產烟、橡膠、棕油、蔴、茶、石油、而島之南部以橡膠咖啡爲主要出品、在邦加（Banka）與勿里洞（Billiton）錫鑛爲首要實業、

西里伯與毗近各小鄰島計有面積七三、三三八方哩、人口四、二二六、五八六人、或每方哩約有五十七人、最南部與最北部爲最要之經濟中心、以產椰子、玉蜀黍及其他熱帶產物爲大宗、

其他島如峇厘、每方哩人口爲四百五十二人、爲人烟最密之島、而新幾內亞人口之密度、每方哩秖二・三人、

（乙）簡史

在二千年前居於東印度羣島之人民、並不著聞於世、查昔日印度人（Hindus）移居爪哇蘇門答臘之時期、約在基督紀元初始時、遷來之後、不久即成爲土人之尊長矣、遂將均分田土之社會改爲封建制度、其中較有成勢之印度王國、亦各逐漸發達、按其最要者首推爪哇中部之瑪達郎（Mataran）、次爲爪哇東部之麻約帕（Modjopait）、三爲爪哇西部之巴惹惹南（Padjadjaran）敎國、

在印度人統治期中、各印度王國之間、雖然互相攻擊戰爭不息、但爪哇在經濟上仍極繁華富貴、當時米產改進劇增、一切引用新文化、紡織及五金工業亦極發達、而運輸事業甚至擴達中國、印度、尚有許多聖廟、名勝等遺蹟、又使回憶從前之繁華時代、此種印度王國、經營爪哇、約有數世紀之久、迨十五世紀時、回徒降臨此地後、彼等遂即逐漸淘汰毀滅、

在一六〇二年時、荷蘭人在政府特許壟斷營業勢力之下、曾組織東印度公司 (United East India Co.)、查該公司之特權有以下數端：(一)助成戰事權、(二)征服異國權、(三)司法裁判權、(四)造幣權等四種、此公司之組織、乃專爲抵抗葡人與英人而設、結果屢告成功、遂在東印度羣島佔得固定地位、並將總部設於巴達維亞、在一七九八年、當荷蘭政府執管該島資產負債時、已成衰落之局、此種凋敝情形、由於鉅額戰費之消耗所致耳、

當拿破崙之戰時、雷弗耳 (Lieutenant-Governor Raffles) 將軍曾因英國關係而臨時佔據爪哇、除此極短時間(一八一一年—一八一六年)外、爪哇島迄至戰前仍由荷蘭政府管轄之、

當該羣島屬於東印度公司管理之際、尚以屬地視之、當時該公司可云用盡心思、儘量爲荷蘭國設法生利、羅雀掘鼠、無微不至、大有多多益善之勢、在一九一二年時、母國與殖民地之間、關於財富、資產、負債等等、復訂新法後、東印度羣島始脫離母國而成爲獨立政體、以其出超之預算、獨立之力量、簽約借債、以及利益耗費等項、悉由其自理、荷當局亦不復顧問矣、

(丙)經濟之發展

南洋羣島昔以富藏金子香料著名、因斯之故、曾引起一般印度、中國、阿剌伯等商人之注意、時

約在基督紀元初世、隔數世紀後、始有來自歐洲者、如葡萄牙人、西班牙人、荷蘭人與英吉利人、

在一九一二年、第一批之葡商來自馬六甲（Moluccas）、曾自爪哇管治手中、奪執香料業之牛耳、

在一五九六年、第一隻船自荷蘭抵此各部、又一六〇二年、始有強力合衆東印度公司之組織、曾獨佔海外貿易有二世紀之久、

在十八世紀末葉時（一七九九年）、合衆東印度公司失敗、凡該公司之一切責任、均由荷蘭政府擔任之、意在急於充滿用竭之國庫、政府乃曾訂立強迫種植制度法（Compulsory Culture System Law）、用以強迫本國人民、保存相當土地、以備生長產品出口之用、以固定之價售與政府、再輪流付託一八二四年所設之荷蘭貿易公司賣出、此種政策之結果、貿易始見衰敗、以前合衆東印度公司之壟斷、妨礙商業自由發展殊重、而今日政府之壟斷、亦犯同樣之病、惟見較輕而已、

在一八七〇年、強迫實施改正田地法後、歐人管理農業之安全基礎、由此奠定、一八六九年蘇彝士運河之開放、已與東西貿易間一大刺激、經歐人管理與統治之下、各種收成因之大增、在極短時間、羣島本身在世界貿易上、佔一最重要之地位、

出口數字足以表示農業生產力之增加與種植上優給之勞工、而本地之購買力增加極大、反之亦即激勵進口貿易、

東印度羣島發展之速、有以下數種原因：（一）糖業之好希望、因為一九〇二年普魯塞會議（Brussels Convention of 1902）之結果、（二）橡膠、茶、及其他產業之種植等發達之迅速、（三）

和平之管理、(四)需要熱帶產品之增加、(五)本地人民購買力之增强、

初時凡爲經濟發展所需之資金、大半全由荷蘭供給、但自一九〇五年、外國資金始在此各部尋求投資之途。

當一九二九年時、在東印度投資農業事業總額、估值二、一六〇百萬荷盾(Guilders)、投資於爪哇者估值一、六九〇百萬荷盾、其中百分之八十二爲荷蘭、百分之十八爲其他外資、投資於外羣島(Outer Islands)者估值四七〇百萬荷盾、其中百分之五十六代表荷蘭、四十四・五爲其他外資、外資投於蘇門答臘者估值一六四百萬荷盾、

東印度羣島全依其與外國之大量貿易而生存、各出口產物均由當地歐商、農業、鑛業供給之、而大宗之生活必需品亦有進口、該國之興旺、則恃其主要之出口產物、——如糖、石油產品、以及橡膠等貨、其出口貿易(根據自由競爭制度)迨至一九二七年發達十分順利、上述各種產物、迄今在世界市場上、仍得一穩定之需要、

不景氣竟將此種局面改變、甚至有數種貨物之生產、曾超過消費量、如糖、橡膠、錫、茶等是、物價勢必暴跌、而內部限制方法、以爲必須採用、況且又有若干消費國家、力圖自立、購用國內或其殖民地之產品、以應其需要也、

徵收重稅之後、對於出口國家、殊爲不利、故東印度貿易之受巨創、實不足爲奇、本殖民地對於所出之主要數種產品、並無重要消費、而在母國按比例論之、却有不敷需要之虞、經濟情況極其嚴肅、曾入財政恐慌之境、當地人之購買力結果降低、政府當局採用有力之方法、以挽回此險惡之境遇、

東印度羣島歷年貨物價值之趨勢表

| 貨名 | 一九二八年份 | 一九二九年份 | 一九三〇年份 | 一九三一年份 | 一九三二年份 |
| --- | --- | --- | --- | --- | --- |
| 橡皮及樹膠 | 九六一 | 七三八 | 五八三 | 二六四 | 一三四 |
| 咖啡 | 六九八 | 八三四 | 七二九 | 三四五 | 三〇四 |
| 糖 | 一二二 | 一〇五 | 九〇 | 六九 | 五三 |
| 烟 | 一、三二九 | 一、一〇五 | 七三二 | 六一三 | 六一五 |
| 茶 | 一、二二六 | 一、〇四〇 | 八四九 | 六六八 | 三六四 |
| 纖維品 | 五一九 | 四三二 | 四三二 | 二四二 | 一四七 |

東印度羣島出口價值及數量之指數表（一九二八年：一〇〇）

| | 一九二九年 | 一九三〇年 | 一九三一年 | 一九三二年 | 一九三三年 | 一九三四年（七月） |
| --- | --- | --- | --- | --- | --- | --- |
| 價值 | 九六 | 七三 | 四七 | 三四 | 三一 | 三三 |
| 數量 | 一〇六 | 一〇七 | 八四 | 八九 | 八八 | 一〇二 |

## 二、商業組織與實務

### （甲）貿易之組織

至論東印度羣島商業之組織、大概分為批發商、中間商、零售商三種、茲將每種情形、分別略述如下：

（1）批發商——以往荷蘭政府當局採取「開放門戶」政策、其他外國商行亦受同等特權、俾使荷蘭商行、避免進出口業之壟斷地位、在事實上、外國商行——尤以英商爲最——對茶、橡膠、糖、糖漿等出口業、已佔較要地位、日本與中國商行之數額雖在增進之中、但在批發業上、並不重要也、凡大商行之總行大都設於歐美、而分行則設於巴達維亞、三寶壠 (Semarang)、泗水 (Sourabaja)、巨港 (Palembang)、望加錫 (Macassar)、棉蘭 (Medan)、馬辰 (Bandjarmasin)、坤甸 (Pontinak) 等埠、

在東印度羣島凡物產買賣、須經掮客之手、現貨期貨悉聽客便、在巴達維亞、泗水、三寶壠等埠、又有各種商行、在其管理監視之下、專以貨物直接售與設在東印度羣島之出口商、

二十世紀初葉以來、進口貿易方法稍有變更、在以前設在國外——大都荷蘭國——之廠家或總行、祇須以貨物委寄爪哇之分行或代表人、售出即妥、絕不顧及消費人之需要、而貨物是否適合主顧胃口、亦不加研究、但現在則絕然不同、而今多半進口行、事前大都對消費人所需要貨物之品質、均加以詳細研究之後、始發出定貨單、向其歐洲、美洲、非洲等各代理人購辦貨物、但其中極重要之寄售業、仍復經營如昔、尤以疋頭業爲最、但因競爭劇烈關係、又使一般進口商對於營業上、不得不專門化、甚至有數家進口行僅營紡織品一種業務、——大都係英商、荷商、尤以後進之日商爲最——或專營農工用品、五金、糧食等業、所有進口行、對於東印度羣島各種產品、戰前皆享有全部或一部份獨家經理權、作爲營業上之脊骨、又有幾家大進口行、因欲專門其營業起見、甚至向政府註冊局、請求

登記專利權、以免競爭之弊、例如飛利浦公司、得到燈泡專利權、辦成之後、其他燈泡概不准在市上銷售、無線電機之銷售、亦受同類之統制、水泥進口、每噸因受附加稅之影響、而被阻截減者極鉅、故國內之水泥工業、極爲發達、

普通之進口行、對於一般小商人、亦兼營直接銷售業務、而較大之中間商反被其從中杜絕不用、商標牌號在東印度羣島之進口業上、極爲重要、因多半之消費者、均係當地文盲土人、彼等不顧品質優劣、祇認標記、往往情願多付代價購一著名標記之貨物、亦云奇矣、

（2）中間商——如上所述、在批發商中、近來華商及日商雖踵接而興、並佔重要地位、尤以進口業爲最、但東印度羣島進出口業、向以歐人利益最爲重要、至於中間商之業務、則操於華人之掌、凡生產者之批發商與消費者之零售商彼此之關係、悉賴此種中間商從中聯絡之、

如沿海各城之巴達維亞、三寶壠、泗水、望加錫、與香港、上海、昭南之間等鉅額貿易、大都由華人經營之、與檳榔嶼、仰光間之貿易亦極重要、例如爪哇西部及中部之胡椒製造業、更爲發達、阿剌伯人及本地人在中間商之業務上次之、歐人之堆棧商店等僅設於較大城市、

華人爲中間商傑出人才、對於土人之奇特需要、無不悉心研究而採辦之、彼等均生有商人之勤儉天性、凡土人之言語、風俗、習慣、宗教、社會等、彼等均極精通而能應付之、彼等每自通商巨埠取得貨物、售往內地之窮鄉僻壤、擔任此種中間人之分配工作、可云無遠不屆、故彼等得佔中間商重要地位者、堪稱獨當無愧耳、此種中間商之職務、須有遺傳經驗及背景、方克勝任、絕非普通人所能承擔者、惟擅長此業之華人能之、故華人在東印度羣島、又爲批發商與零售商之間不可缺之聯絡人也、

彼等對大量貿易方法、更為熟習、並亦自行經營進口業務、但在經營此業不久之前、荷蘭當局又於一九三四年頒佈施行執照制度以來、華人經營之業務、頗受阻礙云、

（3）當地零售商——本地零售商者乃指專在中心市場而貿易之商賈也、此等業務大都由本地商人經營之、彼等以農產品或園產品、售之於市場、再以所得者金購其所需之日用品、本地批發商在東印度羣島、實際上、秘有罕見、即偶然有之、亦係附屬性質、尚有多數人民仍用「物物交換」方法、互相交易、此種貿易實用於遙遠內地者、為數最多、

在爪哇島中、本地零售商之營業範圍、大都祇限於本地市場之內、凡人民所需之日用品等、均可由彼處購辦、而在外羣島各地之情形、則略有不同、蓋因有幾種土產品、如橡膠、胡椒、乾椰子肉等大量產額、皆係土人親自種植或銷售之。

（乙）貨幣

戰前東印度羣島亦與荷蘭國有同樣之統一貨幣制度、其本位幣分為荷盾（Guilde 荷蘭之銀幣）、或弗勞林（Florin歐洲數國之銀幣）、價值單位分為一〇〇分、下述各種貨幣、數額不論多寡、皆有法幣償付性質：

（1）十盾金幣、與五盾金幣、成色各為十分之九、重量十盾者為六、七二〇公分、五盾者為三、三六〇公分、

（2）銀幣分為銀元（Rix-dollar or "rijksdaalder"丹麥、荷蘭、瑞威等國之銀幣名、等於二個半荷盾）、一荷盾、半荷盾數種、

160

此外尚加以東印度羣島本身之銀幣、此種銀幣又分爲二十五盾者及十盾者、分爲五分者爲鎳幣、二分半、一分及半分者爲銅幣、此外尚有一種金幣名德開脫者（ducat）、則不以法幣視之、通用紙幣悉由爪哇銀行獨家發行、數額分爲一、〇〇〇、五〇〇、三〇〇、二〇〇、一〇〇、五〇、四〇、三〇、二五、二〇、一〇、五弗勞林數種、而從前一次所發行二個半、一個、及半個盾之紙幣、業已如數收回、按照一九二二年發給之特許證書所規定、凡持票至銀行請求兌現者，概以法幣償付之、而後槪規定之條欵中、又包括金銀幣兩種、因此民衆不得再向銀行專索金幣矣、最低準備金爲百分之四十、包括金銀條塊兩種、其中最低限度須以五分之三之金銀條塊準備金、保存在東印度羣島、實際上、百分之四十之頭寸、亦常超過、在一九三一年三月卅一日、紙幣流通總額共計二五一、〇〇〇、〇〇〇弗勞林、金銀準備金額共計一六六、〇〇〇、〇〇〇弗勞林、或佔百分之五七・九一、此爲頭寸準備最高之年份也、玆將東印度羣島歷年紙幣流通額及金銀準備金額等情形、列表於下：

東印度羣島紙幣流通額及金銀準備金額表（單位千盾）

| 年份 | 流通總額 | 金銀準備金額 | 準備百分率（金銀） | 準備百分率（金） |
|---|---|---|---|---|
| 一九三一年 | 二五一、四七六 | 一六五、九七〇 | 五七・九一 | 四一・四二 |
| 一九三二年 | 二三四、四二八 | 一五二、一〇一 | 五八・〇〇 | 四〇・六二 |
| 一九三三年 | 二一七、〇九五 | 一五八、六四五 | 六四・二七 | 四五・四一 |
| 一九三四年 | 一九八、六七四 | 一四四、九七七 | 六五・〇七 | 五〇・八七 |
| 一九三五年 | 一八〇、三四二 | 一四五、〇六八 | 六六・五三 | 五三・八九 |
| 一九三六年 | 一六一、九五一 | 一〇五、九九七 | 五八・七六 | 四七・一五 |

### （丙）商業機關

各種批發、零售、以及其他佣金商行等、莫不各自組織公會、對於公益事務、以互相保護、合作、協助之精神處理之、其主要機關為商業公會、代表批發商之利益、進口業公會、出口業公會、經紀人公會、銀行公會、商店公會等機關、其中以泗水及巴達維亞之商業公會為最發達、每會均出版週刊、凡關貿易上重要問題、進出口市場報告、商情、物價、貿易月報等、皆有專著論文討論之、此外關於會員方面、遇有特別利益事務時、則另有公函通告之、

華商在東印度羣島組織商會、已有悠久之歷史、其中以巴達維亞、三寶壟、爪哇之泗水、蘇門答臘之巨港、西里伯之望加錫等數處之商會最為著名、但彼此之間、因缺少合作關係、故無甚貢獻可言、在一九三四年八月、東印度羣島中華總商會幸告成立、總部設於巴達維亞、附屬各處之商會數達十五所、後來中國進口商又因抵抗東印度羣島進口業公會之壟斷勢力起見、復組織中華進口業公會、以維進口業之均勢、在蘇門答臘東部又有中華商業公會之組織、與中華商會同為該區之制定機關、此公會組織最早、實為各公會中首創之機關也、查該會所辦事業頗多、其中最值得一舉者、即蘇門答臘商業月報是也、報中材料豐富、消息靈通、凡關商情報告統計等無不彙編報中、此種刊物非但對當地商人、有極大之幫助、即海外商人亦受益非淺耳、

政府機關有農工商部之商務局、設於茂物（Buitenzorg）、以勸諭商人、對國家社會謀利益為宗旨、遇有咨詢時、凡關東印度羣島各種商業資料等、無不儘量供給、如新商業關係之發生或設立時、無不從中竭力介紹之、又有各種出版刊物、其中以週報最為完備、凡關荷蘭官方消息以及外國使館

或領事消息、各種商務通訊、經濟及商業摘要論文、土產品與外產品之統計、進出口報告、市場報告等無不詳載於內、該局除上述工作外、尚擔任其他輔助商業職務、例如商品陳列所、經濟問詢處、以及展覽會等組織、

## 三、國外貿易

### (甲) 區域貿易

當世界不景氣時、凡關進口來源、出口地點等、無不因受影響而更變、尤以主要區域之界限爲最、茲將歷年東印度羣島之區域貿易平衡表詳示如下：

## 東印度羣島區域貿易平衡表（價值百萬荷盾）

| 區域名稱 | 一九二九年份 | 一九三〇年份 | 一九三一年份 | 一九三二年份 | 一九三三年份 | 一九三四年份 | 一九三五年份 | 一九三六年份 | 一九三七年份 |
|---|---|---|---|---|---|---|---|---|---|
| **歐洲部份** | | | | | | | | | |
| 自東印度出口 | 五六八·〇 | 三七九·一 | 二六八·八 | 二一五·八 | 一八二·六 | 二〇四·五 | 一七九·九 | 二〇三·八 | 一九四·七 |
| 東印度之進口 | 六六八·六 | 四七六·九 | 三一二·七 | 二三〇·六 | 一九二·一 | 九七·一 | 九八·六 | 一一四·七 | 五九·九 |
| 入超 | 一〇〇·六 | 九七·八 | 四三·九 | 一四·八 | 九·五 | 出超一〇七·三 | 出超八一·三 | 出超八八·一 | 出超一三四·八 |
| **亞洲部份** | | | | | | | | | |
| 自東印度出口 | 六五一·七 | 五七二·三 | 三二七·五 | 二〇九·七 | 一七七·五 | 一七〇·九 | 一四三·四 | 一四七·三 | 三九四·六 |
| 東印度之進口 | 三九五·五 | 四三二·六 | 二五五·八 | 一八二·八 | 一七五·〇 | 一五六·二 | 一四〇·七 | 一三〇·七 | 九〇·六 |
| 出超 | 二五六·二 | 一三九·七 | 七一·七 | 二六·九 | 二·五 | 一四·七 | 二·七 | 一六·六 | 三〇四·〇 |
| **美洲部份** | | | | | | | | | |
| 自東印度出口 | 一六七·七 | 一四三·五 | 九〇·〇 | 六六·八 | 五五·七 | 五七·二 | 六六·七 | 一〇三·六 | 五一·八 |
| 東印度之進口 | 一三九·四 | 九四·一 | 五三·八 | 二五·六 | 一七·三 | 一九·四 | 二〇·九 | 二四·五 | 二五·一 |
| 出超 | 二八·三 | 四九·四 | 三六·二 | 四一·二 | 三八·四 | 三七·八 | 四五·八 | 七八·三 | 二六·七 |
| **非洲部份** | | | | | | | | | |
| 自東印度出口 | 三七·〇 | 八·三 | 八·〇 | 二一·六 | 一〇·九 | 一六·〇 | 一三·九 | 一九·九 | 六〇·五 |
| 東印度之進口 | 五·六 | 五·五 | 五·三 | 九·四 | 八·七 | 五·四 | 一·九 | 二·六 | 一·〇 |
| 出超 | 三一·四 | 二·八 | 二·七 | 一二·二 | 二·二 | 一〇·六 | 一二·〇 | 一七·三 | 五九·五 |

茲將各大陸所佔東印度羣島出口貿易之百分率、示於下表：

| 區域名稱 | 一九二八年份 價值 | 一九二八年份 數量 | 一九三二年份 價值 | 一九三二年份 數量 | 一九三三年份 價值 | 一九三三年份 數量 | 一九三四年份 價值 | 一九三四年份 數量 | 一九三五年份 價值 | 一九三五年份 數量 | 一九三六年份 價值 | 一九三六年份 數量 | 一九三七年份 價值 | 一九三七年份 數量 |
|---|---|---|---|---|---|---|---|---|---|---|---|---|---|---|
| 歐洲 | 三六·五 | 二三·二 | 三九·九 | 二三·八 | 三九·一 | — | 四一·九 | 三五·六 | 四〇·四 | 一八·四 | 三八·一 | 一六·六 | 三一·四 | 一九·三 |
| 亞洲 | 四四·五 | 六四·四 | 三八·六 | 五四·一 | 三七·九 | — | 三五·一 | 五二·八 | 三三·二 | 五三·三 | 二七·七 | 四七·九 | 四三·三 | 四八·七 |
| 美洲 | 一二·九 | 三·七 | 一三·四 | 五·〇 | 一一·九 | — | 一一·七 | 四·〇 | 一四·九 | 五·三 | 一九·三 | 六·四 | 五·七 | 六·二 |
| 澳洲 | 三·二 | 五·二 | 三·五 | 五·二 | 三·八 | — | 四·九 | 七·三 | 四·九 | 七·八 | 四·八 | 八·〇 | 一〇·七 | 八·一 |
| 非洲 | 二·五 | 二·八 | 二·〇 | 四·七 | 三·四 | — | 二·七 | 三·二 | 三·一 | 三·九 | 三·七 | 四·三 | 六·六 | 五·一 |
| 其他 | 〇·六 | 一·七 | 三·七 | 七·一 | 四·九 | — | 三·七 | 九·一 | 四·五 | 一一·二 | 六·四 | 一六·八 | 一三·二 | 一二·三 |

概論東印度羣島之主要產品、大都輸往世界各部、自英國、荷蘭、日本進口者為紡織品、自安南、泰國、緬甸進口者為食米、自澳洲、美洲進口者為麵粉及其他食料、自德國、英國進口者為機器等

（乙）出口貿易之概況

東印度羣島能負世界商業中之重要地位者、因其有實貴之農鑛產品、到處均有良好現成之市場、其產品如規那、木棉花、胡椒等、東印度佔首位、供給上約佔百分之九十二、八十、佔全世界之生產約百分之八十、

糖（其地位在遠東無如其右者）、橡膠、錫、為馬來之勁敵、在一九三一年至一九三六年東印度

所產之糖、平均佔全世界產額總額百分之五·三、橡膠佔百分之三十三·二、乾椰子肉佔全世界百分之廿八、其出口之茶、咖啡、油、以及其他產品、彼此之百分比、每年均見增進、茲將其主要出口物品、分別列表如下：

東印度羣島所佔世界出口及產量表（數量千公噸）

| 商品 | | 一九二七年 | 一九二八年 | 一九二九年 | 一九三〇年 | 一九三一年 | 一九三二年 | 一九三三年 | 一九三四年 | 一九三五年 | 一九三六年 |
|---|---|---|---|---|---|---|---|---|---|---|---|
| 糖 | 世界產量 | 二三、七六八 | 二五、三〇一 | 二七、五五〇 | 二七、五三三 | 二八、四七七 | 二六、二八四 | 二一、八三〇 | 二三、九八〇 | 二三、五七〇 | 二五、三九〇 |
| | 東印度羣島 | 二、四〇〇 | 二、九九〇 | 二、九三五 | 二、九七一 | 二、八三九 | 二、六一二 | 一、四〇一 | 六四四 | 五一四 | 五九二 |
| | 百分率 | 一〇% | 一二% | 一一% | 一一% | 一〇% | 一〇% | 六% | 二% | 二% | 二% |
| 橡膠 | 世界產量 | 六一九 | 六六七 | 八八〇 | 八四〇 | 八一九 | 七三一 | 八五七 | 一、〇二七 | 八〇七 | 八六九 |
| | 東印度羣島 | 二三三 | 二三六 | 二六三 | 二四四 | 二五五 | 二一二 | 二八二 | 四七九 | 二七五 | 三一五 |
| | 百分率 | 三八% | 三〇% | 三〇% | 二九% | 三一% | 二九% | 三三% | 三七% | 三三% | 三六% |
| 乾椰子肉 | 世界出口 | 一、四〇一 | 一、六六二 | 一、七四二 | 一、五〇九 | 一、四九九 | 一、四六八 | 一、七三三 | 一、七六八 | 一、七六四 | 一、八九八 |
| | 東印度羣島 | 三三〇 | 四九六 | 五〇九 | 四〇〇 | 三六九 | 五〇八 | 五〇四 | 四三三 | 五〇〇 | 五一八 |
| | 百分率 | 三三% | 三〇% | 二九% | 二七% | 二五% | 三五% | 二九% | 二四% | 二八% | 二七% |
| 規那 | 世界產量 | 一一·〇 | 一〇·七 | 一三·七 | 一三·七 | 一一·六 | 一一·〇 | 八·五 | 九·一 | 九·五 | 一〇·九 |
| | 東印度羣島 | 一〇·〇 | 九·九 | 一一·九 | 一一·九 | 一〇·六 | 一〇·一 | 七·六 | 八·二 | 八·六 | 九·九 |
| | 百分率 | 九一% | 九三% | 九四% | 九三% | 九二% | 九二% | 八九% | 九〇% | 九二% | 九〇% |
| 木棉 | 世界出口 | 二五·四 | 二四·五 | 二三·七 | 二六·二 | 二五·七 | 二五·五 | 二七·五 | 二七·五 | 三二·〇 | 三六·〇 |
| | 東印度羣島 | 一九·〇 | 一九·三 | 一七·四 | 二〇·七 | 二〇·六 | 一八·五 | 二二·四 | 二〇·七 | 二五·一 | 二七·〇 |
| | 百分率 | 七五% | 七八% | 七三% | 七九% | 八〇% | 七九% | 八二% | 七六% | 七八% | 七七% |

東印度羣島所佔世界出口及產量表（續）（數量千公噸）

| 商品 | | 一九二七年 | 一九二八年 | 一九二九年 | 一九三〇年 | 一九三一年 | 一九三二年 | 一九三三年 | 一九三四年 | 一九三五年 | 一九三六年 |
|---|---|---|---|---|---|---|---|---|---|---|---|
| 胡椒 | 世界出口 | 四〇·〇 | 四九·六 | 四〇·四 | 四三·二 | 四五·九 | 四四·九 | 五四·七 | 六一·四 | 七一·二 | 八五·〇 |
| | 東印度羣島 | 三一·五 | 三四·五 | 二八·五 | 三二·五 | 三一·九 | 三五·七 | 四四·〇 | 四八·二 | 五八·四 | 七八·一 |
| | 百分率 | 七九% | 七〇% | 七〇% | 七五% | 六九% | 七九% | 八〇% | 七八% | 八二% | 八二% |
| 茶 | 世界出口 | 四二〇 | 四一七 | 四三八 | 四〇七 | 四〇九 | 四二四 | 三八六 | 三九二 | 三八二 | 三八三 |
| | 東印度羣島 | 六六 | 七〇 | 七二 | 七三 | 七九 | 七九 | 七二 | 六四 | 六六 | 七〇 |
| | 百分率 | 一六% | 一七% | 一七% | 一八% | 一九% | 一九% | 一九% | 一六% | 一七% | 一八% |
| 咖啡 | 世界出口 | 一、四五二 | 一、四四九 | 一、四三五 | 一、五四八 | 一、六七五 | 一、四三二 | 一、五八一 | 一、五二二 | 一、四七八 | 一、六三五 |
| | 東印度羣島 | 八四 | 一一五 | 八一 | 六一 | 六八 | 一一五 | 七一 | 八一 | 八一 | 九〇 |
| | 百分率 | 六% | 八% | 六% | 四% | 四% | 八% | 五% | 五% | 五% | 六% |
| 龍舌蘭 | 世界出口 | 三四一 | 三七四 | 三六六 | 三二六 | 二四〇 | 二八〇 | 三二一 | 三一八 | 三五〇 | 三五四 |
| | 東印度羣島 | 六六 | 七〇 | 七九 | 九六 | 七〇 | 九一 | 九五 | 七〇 | 九二 | 七八 |
| | 百分率 | 一九% | 一八% | 二二% | 二九% | 二九% | 三三% | 三〇% | 二二% | 二六% | 二二% |
| 棕油 | 世界出口 | 七六一 | 七五四 | 七八六 | 八三六 | 七七四 | 八九〇 | 八六八 | 九二八 | 一、〇六五 | 一、二二九 |
| | 東印度羣島 | 三五 | 四五 | 四五 | 五八 | 七四 | 一〇五 | 一三九 | 一四六 | 一七四 | 二〇九 |
| | 百分率 | 五% | 六% | 六% | 七% | 一〇% | 一二% | 一五% | 一六% | 一六% | 一七% |
| 可可 | 世界出口 | 四四四·九 | 五二三·六 | 五四一·四 | 四八八·八 | 五六〇·七 | 五六四·五 | 五七九·七 | 六二三·二 | 六四五·六 | — |
| | 東印度羣島 | 一·〇 | 一·一 | 一·五 | 一·五 | 一·四 | 一·六 | 一·五 | 二·一 | 一·六 | — |
| | 百分率 | 〇·二% | 〇·二% | 〇·三% | 〇·三% | 〇·三% | 〇·三% | 〇·三% | 〇·三% | 〇·二% | — |

187

（丙）進口貿易之概況

東印度羣島有極大之進口貿易、人口爲六千萬、農業發達、鑛產豐富、以及「開放門戶」之自由貿易政策、引起市場上劇烈競爭、均爲今日危機踵接之原因、況貨幣又未貶值、故對主要進口業上、各銷售國、亦未與國內工業競爭、當時皆以全副精神能力貫注於農業、而工業方面則辦者無人、幾完全絕跡、所以紡織品及鋼鐵品等遂即大量進口、對於當地人民所需之米、食料等進口額、爲數亦鉅云、

（1）紡織品進口——東印度羣島地處熱帶、人烟稠密、爲銷織造品唯一大市場、本地紡織工業極爲幼稚、故當地之競爭、對於出口商可云絕無阻礙之處、查此種原素、乃由政府嚴取「開放門戶」政策所致、當不景氣時期、在價廉棉織品主要產國之間、如荷蘭、英國、日本等國始發生劇烈競爭、日本在以前對紡織品之供給、並未佔重要地位、迨一九二九年、財政恐慌時、土人購買力因之大減、遂使日本以價廉之產品、及貶值之日幣、立即利用機會、幾將東印度羣島之紡織業全部吸收、戰前日貨利用價廉之益、在前亦能增加情感、但在外國廠家之勁敵方面、不免發生驚奇、由驚奇而變爲恐懼、竟至互相團結、設法以强大勢力、煽動政府當局、採用限制方法、禁止日本紡織品及其他貨物進口、

（2）鋼鐵——鋼、鐵、機器等進口、專爲建設鐵路、與發展將來農鑛實業之用、本地鋼鐵事業、雖比紡織業較爲發達、然其工作方面、亦祇限於修理工作、故大半機器、均自外國購進、惟汽車進口、已引起特別注意、因該處有良好之公路網、——尤以爪哇爲最——汽車路交通與鐵路運輸之競爭、已達劇烈時期、故通用汽車公司（General Motors）在巴達維亞設立汽車製造廠、而固特異橡皮車

胎公司（Goodyear Tyre Co.）在爪哇西部亦設製造工廠、

（3）米及其他食料——爪哇及其他各島、人烟稠密、故年中所產之米、尚不足應付當地需要、每年米之供給、自泰國、安南、緬甸、日本、購進者、爲數頗巨、其他食料進口、如餅乾、奶油、麵粉、牛乳、乳餅、啤酒、魚類、肉類、酒類、以及蒸煉產品等、亦佔巨大重要地位、茲將其主要進口貨物、按次列於下表：

關於一九三六年及一九三七年東印度進口棉織物之狀況、與一九二九年進口數額之比較如下：

東印度羣島進口棉織物數量分析比較表（單位公噸）

| 品名 | 一九二九年份 | 一九三六年份 | 一九三七年份 |
|---|---|---|---|
| 紡紗 | 三、五七五 | 五、三三六 | 一一、三二七 |
| 棉線 | 三、二九四 | 二、九五三 | 三、五三七 |
| 其他棉紗 | 一、〇〇八 | 七九一 | 一、二二八 |
| 未漂棉布 | 八、〇七〇 | 九、七五九 | 一二、九二三 |
| 漂白棉布 | 二〇、四二九 | 一三、一七一 | 二三、八二一 |
| 印染棉布 | 二一、〇三〇 | 一七、三二〇 | 二六、七一二 |
| 花布 | 一一、一五二 | 八、一九一 | 一一、九六五 |
| 紗籠等 | 三、一七一 | 二、三四八 | 二、一四六 |
| 其他棉織物 | 七、〇五〇 | 一、九五五 | 三、一〇一 |
| 其他布疋 | 一一、四五四 | 一二、一七〇 | 一三、九七一 |
| 共計 | 九〇、二三三 | 七三、九九四 | 一一〇、七三一 |

## 東印度羣島主要進口貨物表（價値百萬荷盾）

| 貨物名稱 | 一九二八年 | 一九二九年 | 一九三〇年 | 一九三一年 | 一九三二年 | 一九三三年 | 一九三四年 | 一九三五年 |
|---|---|---|---|---|---|---|---|---|
| 纖維 | 三五四·一 | 三五四·六 | 一七七·七 | 一二七·五 | 九九·五 | 八八·七 | 七六·〇 | 六五·四 |
| 進口總額% | 二四·八% | 三三·一% | 二二·三% | 三三·三% | 二六·九% | 二七·九% | 二七·二% | 二四·〇% |
| 紗 | 一三·五 | 一三·八 | 一〇·五 | 八·二 | 七·四 | 八·〇 | （在纖維內） | （同上） |
| 百分率 | 一·三% | 一·三% | 一·三% | 一·五% | 二·〇% | 二·五% | | |
| 衣着 | 一九·三 | 三〇·六 | 一五·五 | 一一·二 | 八·一 | 九·一 | 七·七 | 七·二 |
| 百分率 | 二·〇% | 一·九% | 一·九% | 二·〇% | 二·二% | 二·九% | 二·七% | 二·六% |
| 食料 | 七九·四 | 八八·八 | 八二·四 | 六五·九 | 四二·〇 | 三六·七 | 三四·五 | 三一·〇 |
| 百分率 | 八·四% | 八·三% | 九·九% | 一三·一% | 一一·四% | 一一·五% | 一二·一% | 一一·四% |
| 米穀 | 八二·九 | 一〇四·四 | 八八·三 | 五五·八 | 三三·七 | 一八·四 | 一一·一 | 一七·一 |
| 百分率 | 八·七% | 九·八% | 一〇·二% | 一〇·二% | 九·一% | 五·八% | 三·九% | 六·三% |
| 麵粉 | 一三·七 | 一四·二 | 一三·六 | 七·八 | 五·〇 | 四·四 | 四·五 | 四·四 |
| 百分率 | 一·四% | 一·三% | 一·六% | 一·四% | 一·四% | 一·四% | 一·六% | 一·六% |
| 烟類 | 三六·六 | 五八·〇 | 三一·三 | 一七·四 | 一二·六 | 一〇·四 | 七·九 | 五·九 |
| 百分率 | 三·九% | 五·六% | 三·八% | 三·二% | 三·一% | 三·三% | 二·七% | 二·三% |
| 酒類 | 一七·八 | 二二·五 | 一八·一 | 一三·八 | 八·一 | 七·一 | 三·九 | 三·七 |
| 百分率 | 二·〇% | 二·二% | 二·三% | 二·三% | 二·二% | 二·二% | 一·三% | 一·四% |
| 機械 | 八一·四 | 九九·〇 | 六九·四 | 三〇·二 | 一七·六 | 一五·一 | 一七·二 | 一九·四 |
| 百分率 | 八·六% | 九·三% | 八·四% | 五·六% | 四·八% | 四·八% | 六·〇% | 七·一% |

荷印[illegible]進口貨物表（續）（價值百萬荷盾）

| 貨物名稱 | 一九二八年 | 一九二九年 | 一九三〇年 | 一九三一年 | 一九三二年 | 一九三三年 | 一九三四年 | 一九三五年 |
|---|---|---|---|---|---|---|---|---|
| 鋼鐵 | 六八·〇 | 八六·八 | 五九·四 | 一七·二 | 一六·七 | 一五·二 | 一五·九 | 一八·四 |
| 百分率 | 七·二% | 八·二% | 七·一% | 五·〇% | 四·六% | 四·八% | 五·六% | 六·八% |
| 鋼皮及其製品 | 二三·六 | 二〇·五 | 二〇·二 | 五·二 | 六·四 | 四·五 | 四·六 | 四·三 |
| 百分率 | 一·五% | 一·〇% | 一·二% | 〇·八% | 一·七% | 一·四% | 一·六% | 一·五% |
| 汽車 | 三三·九 | 三六·三 | 一八·六 | 一〇·八 | 五·〇 | 五·一 | 四·五 | 五·八 |
| 百分率 | 三·五% | 三·四% | 三·二% | 三·〇% | 一·四% | 一·六% | 一·六% | 二·一% |
| 車胎 | 二一·七 | 一五·七 | 二一·三 | 九·〇 | 四·七 | 四·七 | 四·三 | 四·一 |
| 百分率 | 一·三% | 一·五% | 一·四% | 一·三% | 一·五% | 一·五% | 一·五% | 一·五% |
| 油漆及顏料 | 九·七 | 一〇·三 | 九·六 | 七·一 | 五·二 | 五·四 | 五·二 | 五·〇 |
| 百分率 | 一·〇% | 一·〇% | 一·二% | 一·四% | 一·四% | 一·七% | 一·八% | 一·九% |
| 紙張及其製品 | 一六·六 | 一三·四 | 一三·〇 | 一五·九 | 一三·三 | 一〇·六 | 一〇·〇 | 九·七 |
| 百分率 | 一·八% | 二·三% | 二·六% | 二·九% | 三·五% | 三·五% | 三·八% | 三·六% |
| 水泥 | 五·二 | 六·二 | 五·五 | 三·八 | 一·九 | 一·五 | 〇·七 | 〇·七 |
| 百分率 | 〇·五% | 〇·六% | 〇·六% | 〇·五% | 〇·五% | 〇·四% | 〇·二% | 〇·三% |
| 藥品 | 一六·九 | 一六·四 | 一三·六 | 一一·五 | 八·四 | 八·六 | 七·八 | 七·五 |
| 百分率 | 一·八% | 一·五% | 一·六% | 二·一% | 二·五% | 二·七% | 二·七% | 二·六% |
| 肥料 | 二四·二 | 八二·〇 | 三〇·八 | 四·八 | 八·一 | 二·九 | 三·八 | 三·四 |
| 百分率 | 二·六% | 八·〇% | 三·五% | 三·七% | 二·二% | 〇·九% | 一·五% | 一·三% |
| 石油產品 | 七·五 | 一一·一 | 一五·五 | 一二·〇 | 五·五 | 六·四 | 六·二 | 四·九 |
| 百分率 | 〇·八% | 一·五% | 二·三% | 二·〇% | 一·五% | 二·〇% | 二·二% | 一·八% |
| 輸入之總值 | 九四八·四 | 一、〇六一·九 | 八五〇·二 | 五四五·一 | 三六八·八 | 三一八·一 | 二九一·五 | 二七七·八 |

（丁）主要港口

東印度羣島之進出口業、大都集中於五大港口——巴達維亞、三寶壟、爪哇之泗水、西里伯之望加錫、而昭南昔爲英國港口、且佔極重要之地位、又爲外羣島（即蘇門答臘、婆羅洲、西里伯等島）產品唯一市場、

次等市場及港口爲爪哇之芝拉札（Tjilatjap）蘇門答臘之棉蘭（Medan）、巴東（Pedang）、巨港、婆羅洲之坤甸（Pontianak）、馬辰（Bandjarmasim）、西里伯之萬鴉姥（Menado）數港、

巴達維亞之人口約有五四〇、〇〇〇人、包括歐人四〇、〇〇〇人、華人七九、〇〇〇人、土人及其他東方外僑爲四二一、〇〇〇人、爲茶、橡膠、胡椒、錫等之主要市場、咖啡、薯粉、油類在此銷售者、爲數亦鉅、主要進口貨物爲汽車及另件、陶器雜貨等數種、泗水之人口、約有三六七、〇〇〇人、包括歐人二五、九〇〇人、華人五〇、〇〇〇人、土人二九一、一〇〇人、爲東印度羣島主要商業中心、出口貿易佔出口總額百分之十六、進口貿易佔進口總額百分之廿五、主要出口物爲糖、咖啡、菸草、薯粉、皮張、而較要之進口貨物爲米、疋頭、機器、肥料等數種、

三寶壟之人口、約有二二〇、〇〇〇人、包括歐人一五、〇〇〇人、華人三〇、〇〇〇人、土人一七五、〇〇〇人、爲糖及薯粉主要市場、且爲木棉花主要中心、主要進口貨物爲疋頭、肥料等貨、

望加錫之人口、約有八四、〇〇〇人、包括華人一五、〇〇〇人、歐人四、〇〇〇人、土人六五、〇〇〇人、爲西里伯及摩鹿加之商業中心、主要產品爲椰子肉、籐、果殼、鳥皮數種、

上述各港口與中國之往來、則有荷商渣華郵船公司（Java-China-Japan Line）接連之、該公

司共有郵船十二艘、噸位總計九四、八七二噸、在巴達維亞、三寶壠、泗水、望加錫、馬尼剌、香港、汕頭、廈門、上海、神戶等埠均設有辦事處、

（戊）貿易平衡

東印度羣島擁有鉅額之出超餘額、蓋因出口額比進口者爲數頗鉅之故也、茲將一九〇〇年至一九四〇年、每年之貿易平衡列於下表：

東印度羣島貿易平衡表（單位百萬荷盾）

| 年份 | 進口額 | 出口額 | 總值 | 出超餘額 |
| --- | --- | --- | --- | --- |
| 一九〇〇年 | 一七六・〇 | 二三〇・二 | 四〇六・二 | 五四・二 |
| 一九〇五年 | 一九六・二 | 二九二・一 | 四八八・三 | 九五・九 |
| 一九一〇年 | 三一五・〇 | 四一二・七 | 七二七・七 | 九七・七 |
| 一九一五年 | 三七二・四 | 七五八・二 | 一、一三〇・六 | 三八五・八 |
| 一九二〇年 | 一、一一六・二 | 二、二二五・〇 | 三、三四一・二 | 一、一〇八・八 |
| 一九二五年 | 八一八・三 | 一、七八四・七 | 二、六〇三・〇 | 九六六・四 |
| 一九二六年 | 八六五・三 | 一、五六八・三 | 二、四三三・六 | 七〇三・〇 |
| 一九二七年 | 八七一・七 | 一、六二四・九 | 二、四九六・六 | 七五三・二 |
| 一九二八年 | 一、〇〇八・一 | 一、五八八・一 | 二、五九六・二 | 五八〇・〇 |
| 一九二九年 | 一、一六六・〇 | 一、四八七・八 | 二、六五三・八 | 三二一・八 |
| 一九三〇年 | 九二二・三 | 一、一九一・五 | 二、一一三・八 | 二六九・二 |
| 一九三一年 | 六〇九・九 | 七九八・二 | 一、四〇八・一 | 一八八・三 |
| 一九三二年 | 四一〇・〇 | 五七三・六 | 九八三・六 | 一六三・六 |

| 年份 | 進口額 | 出口額 | 總值 | 出超餘額 |
|---|---|---|---|---|
| 一九三三年 | 三一八·一 | 四六五·六 | 七八三·七 | 一四七·五 |
| 一九三四年 | 二八六·〇 | 四八九·一 | 七七五·一 | 二〇三·一 |
| 一九三五年 | 二七七·八 | 四五二·五 | 七三〇·三 | 一七四·七 |
| 一九三六年 | 二八六·九 | 五九六·五 | 八八三·四 | 三〇九·六 |
| 一九三七年 | 四九七·九 | 九九〇·五 | 一、四八八·四 | 四九二·六 |
| 一九三八年 | 四八五·〇 | 六六五·〇 | 一、一五〇·〇 | 一八〇·〇 |
| 一九三九年 | 五一九·〇 | 七四七·〇 | 一、二六六·〇 | 二二八·〇 |
| 一九四〇年 | 四四四·〇 | 八七三·〇 | 一、三一七·〇 | 四二九·〇 |

以上所列數字、足以表示東印度羣島在世界貿易上之重要矣、當第一次歐戰時及戰後之際、其地位之重要、更加增進、使其在貿易上開一新紀元、此殖民地在昔祇爲生產中心、屆時將其收成悉數輸往母國、由彼再重行分配歐洲各地、但在歐戰時及戰後之際、本身自成一優良市場、凡橡膠、茶、咖啡、及其他產品等貨、均能與世界各國直接貿易矣、又有多種貨物、在昔得自歐洲者、而今亦自美國、澳洲、日本、中國、直接定購也、

當不景氣時、一切情形、雖然不利、但東印度羣島、在其國外貿易史上、仍能保持出超餘額、實爲難能可貴耳、經濟崩潰始於一九二八年、致出口貿易因受影響而降跌，故一九三三年之出口數額、僅佔一九二七年之值額百分之廿八、進口方面、直至一九三〇年始見降減、自一九二九年至一九三三年進口貿易之値額、曾跌去百分之七十三、在一九二九年之進出口貿易總額爲二、六五三·八百萬荷

盾、迨一九三三年跌至七八三・七百萬荷盾、但在該年東印度羣島、仍能保持一四七・五百萬荷盾之出口餘額、一九三四年降爲七七五・一百萬荷盾、一九三五年更跌至七三〇・三百萬荷盾、一九三六年略升至八八三・四百萬荷盾、幸一九三七年否極泰來、輸出貿易大增、例如石油之需要增加、價格亦高漲、是年之輸出額較一九三六年增六千九百萬荷盾、輸出之盛得未曾有、輸出既增、輸入自旺、其他樹膠、茨粉、砂糖等、一九三七年較一九三六年均有增加、

四、與日本之貿易

若對東印度羣島貿易加以分析時、第一須先注意者即日本、蓋因日本在紡織品及其他必需品進口上、在戰前爲唯一之競爭勁敵、足爲中國紡織品、食料、輕工業產品等利益之阻礙耳、因日貨之氾濫、使世界各國對東印度輸出蒙受甚大威脅、從而隨此威脅之增加率、全世界均逐漸採用保護貿易政策、東印度主要輸出市場之歐美、發生嚴重障礙、東印度覩此貿易現象、乃拋棄以前之自由貿易、而採用積極之保護貿易政策、迨戰後、東印度羣島遂即反爲日本紡織品及其他必需品之唯一市場矣、

（甲）自日本進口之貨物

當第一次世界大戰時、東印度羣島與日本之貿易、遂即劇增、自一九一四年至一九一八年之間、由一・二五升至百分之十、在一九二〇年至一九二二年僅稍有變動、但近年來始證明又有新發展、若從下表觀之、自日本進口之總值雖稍有降減、但在百分率上、則表示逐步增加、而自東印度羣島輸往日本之出口額、仍能保持同樣百分率：

| 年份 | 自日本進口之貨值 | | 輸往日本之出口貨值 | |
| --- | --- | --- | --- | --- |
| | 價值百萬荷盾 | 進口總額之% | 價值百萬荷盾 | 出口總額之% |
| 一九三〇年 | 一〇〇·一 | 一一·六% | 四六·二 | 四·〇% |
| 一九三一年 | 八二·五 | 一六·四% | 三三·〇 | 四·四% |
| 一九三二年 | 七八·三 | 二一·二% | 二三·六 | 四·四% |
| 一九三三年 | 九八·七 | 三二·〇% | 二一·七 | 四·八% |
| 一九三四年 | 九二·九 | 三一·六% | 一九·四 | 三·七% |
| 一九三五年 | 八二·一 | 二九·九% | 二四·一 | 五·二% |
| 一九三六年 | 七五·二 | 二六·一% | 三〇·二 | 五·一% |
| 一九三七年 | 三〇·三 | 六·一% | 八八·九 | 九·〇% |
| 一九三九年 | 八五·一 | 一六·三% | 二四·七 | 三·三% |
| 一九四〇年 | 一〇一·〇 | 二二·七% | 四八·〇 | 五·五% |

日本在東印度羣島進口貿易總額上之重要、由下列表格中更能顯明之、但所列之百分率並不表示實在之眞情也、蓋自日本尚有大量進口貨、係由昭南轉口者、故未直接列於日本部份數字之內、

茲將東印度羣島自日本進口之貨物、列表於下：

## 東印度羣島自日本之進口貨物表（價值百萬荷盾）

| 貨物名稱 | 一九二八年 | 一九二九年 | 一九三〇年 | 一九三一年 | 一九三二年 | 一九三三年 | 一九三四年 | 一九三五年 |
|---|---|---|---|---|---|---|---|---|
| 棉綿纖維 | 四〇.六 | 四七.三 | 三九.三 | 三八.五 | 三八.三 | 四七.七 | 四四.六 | 三六.三 |
| 進口總額% | 四三.四% | 四一.二% | 三九.三% | 四一.六% | 四九.〇% | 四八.三% | 四八.〇% | 四四.三% |
| 其他纖維 | 五.四 | 九.二 | 一四.一 | 一三.五 | 一一.四 | 一三.二 | 一〇.五 | 八.四 |
| 百分率 | 五.八% | 八.〇% | 一四.一% | 一四.六% | 一四.六% | 一三.四% | 一一.三% | 一〇.二% |
| 紗 | 二.〇 | 二.三 | 一.四 | 一.一 | 二.二 | 二.三 | （在纖維內） | （同上） |
| 百分率 | 二.一% | 二.〇% | 一.四% | 一.二% | 二.八% | 二.三% | | |
| 衣着 | 六.三 | 九.二 | 六.三 | 四.六 | 三.九 | 五.六 | 四.九 | 四.九 |
| 百分率 | 六.七% | 八.〇% | 六.三% | 五.〇% | 五.〇% | 五.七% | 五.三% | 五.九% |
| 食料 | 一.七 | 一.七 | 一.六 | 一.二 | 一.四 | 二.一 | 二.三 | 二.三 |
| 百分率 | 一.八% | 一.五% | 一.六% | 一.二% | 一.四% | 二.一% | 二.五% | 二.八% |
| 茶 | 九.二 | 八.八 | 八.二 | 六.七 | 二.九 | 一.六 | 一.五 | 〇.八 |
| 百分率 | 九.七% | 七.七% | 八.二% | 七.二% | 三.七% | 一.六% | 一.六% | 〇.九% |
| 鋼鐵 | 四.〇 | 五.〇 | 三.五 | 三.七 | 四.六 | 五.二 | 五.六 | 五.九 |
| 百分率 | 四.三% | 四.四% | 三.五% | 四.〇% | 五.九% | 五.三% | 六.〇% | 七.二% |
| 皮革及其製品 | — | 一.四 | 一.八 | 一.二 | 〇.六 | 一.〇 | 〇.八 | 〇.八 |
| 百分率 | — | 一.二% | 一.八% | 一.三% | 〇.八% | 一.〇% | 〇.九% | 〇.九% |
| 自由車 | 〇.九 | 一.四 | 一.〇 | 一.〇 | 〇.八 | 二.〇 | 三.四 | 二.一 |
| 百分率 | 一.〇% | 一.二% | 一.〇% | 一.一% | 一.〇% | 二.〇% | 三.六% | 二.六% |
| 車胎 | 一.六 | 二.二 | 一.九 | 一.三 | 〇.七 | 一.四 | 一.九 | 二.三 |
| 百分率 | 一.七% | 一.九% | 一.九% | 一.四% | 〇.九% | 一.四% | 二.〇% | 二.八% |
| 玻璃及其製品 | 二.四 | 二.七 | 一.七 | 一.五 | 〇.八 | 一.三 | 一.四 | 一.四 |
| 百分率 | 二.六% | 二.三% | 一.七% | 一.六% | 一.〇% | 一.三% | 一.五% | 一.七% |
| 陶器 | 六.二 | 五.九 | 三.〇 | 二.二 | 一.九 | 二.二 | 二.一 | 一.四 |
| 百分率 | 六.六% | 五.一% | 三.〇% | 二.四% | 二.四% | 二.二% | 二.三% | 一.七% |
| 木材 | 二.二 | 三.〇 | 二.〇 | 一.二 | 一.四 | 〇.八 | 〇.七 | 〇.四 |
| 百分率 | 二.四% | 二.六% | 二.〇% | 一.三% | 一.八% | 〇.八% | 〇.七% | 〇.四% |
| 水泥 | 三.〇 | 四.〇 | 四.三 | 二.五 | 一.八 | 一.三 | 〇.七 | 〇.六 |
| 百分率 | 三.二% | 三.五% | 四.三% | 二.七% | 二.三% | 一.三% | 〇.七% | 〇.七% |
| 每年之總值 | 九三.七 | 一一四.八 | 一〇〇.一 | 九二.六 | 七八.三 | 九八.七 | 九二.九 | 八二.〇 |

查此種鉅額增進之原因殊多、而日人負能完全熟習東方市場之需要、並深知低價爲當地貿主唯一之要素、況日本之生產成本極低、又加優越之運費、協助對東印度羣島出口貿易之發展、當一九三一年日幣跌價之際、又給日人一良好機會、得益非淺、在一九三一年自日本之進口數額爲三〇一、〇〇〇噸、迨一九三三年升至三〇四、〇〇〇噸、一九三四年升至三〇七、一九二一噸、一九三五年則降爲二八一、九四一噸、一九三六年略升至二八六、五二〇噸、一九三七年劇升至三七四、一五三噸、此即表示較從其他各國進口者劇增之徵也、

（1）紡織品進口——自日本進口之紡織品、爲各種進口貨中最重要之項目、其中尤以印染棉布佔最多數、但在近年來、日本又奪取大量漂白布之進口業、而犧牲荷蘭、英國兩國之貿易、查印花布之價格、曾一度劇跌、在一九二九年時、數量爲一九五・九百萬碼、價值四八・六百萬荷盾、但在一九三三年數量增爲二三四・五百萬碼、而價值反跌爲二一・八百萬荷盾、於一九三三年價值劇升爲九六・七百萬荷盾、一九三四年數量爲六三、一三四噸、價值五四・八百萬荷盾、一九三五年數量五二、一九五噸、價值四五・〇百萬荷盾、土人喜用價賤物美之印染布縫製衣着者、爲數日衆、而漂白布進口則反見減少、故一九二九年之數量爲一九四・四百萬碼、價值五〇・一百萬荷盾、迨一九三二年時、數量降爲一四一・九百萬碼、而價值竟跌爲二一・三百萬荷盾、一九三四年數量復降爲一〇、四九九噸、價值一〇・六百萬荷盾、一九三五年數量更降爲六、五九〇噸、價值六・三百萬荷盾、一九二九年染色布進口數量爲九一百萬碼、價值一七百萬荷盾、至一九三二年時、數量降爲七一・七百萬碼、價值跌爲七・七百萬荷盾、一九三四年數量爲二四、四九三噸、價值爲一六・八百萬荷盾、一九

三五年數量爲二三、六八五噸、價値爲一七・一百萬荷盾、若以價値爲基本、東印度羣島每年佔日本棉布出口總額之百分率、各列於下：一九二九年佔百分之四八・五、一九三〇年佔百分之四二・八、一九三一年佔百分之四四・六、一九三二年佔百分之五五・九、一九三三年佔百分之六四・三、一九三四年佔百分之七〇・七、一九三五年佔百分之六八・八、對日本人造絲織品總額上、一九二九年佔百分之七・三、一九三〇年佔百份之一三・五、一九三一年佔百分之十四、一九三四年佔纖維進口總額百分之八・八、一九三五年佔纖維進口總額百分之八、

茲將自日本進口之棉織品與進口總額之比較、示表如下：

自日本進口之棉織纖維品與進口總値之比較表（數量千碼單位、價値千荷盾單位）

| 一九二九年 | 數量 | | | 價値 | | |
|---|---|---|---|---|---|---|
| | 進口總値 | 日本部份 | 百分率 | 進口總値 | 日本部份 | 百分率 |
| 未漂白布 | 六九、二五一 | 四八、五三九 | 七〇・一 | 一三、二一〇 | 九、三九七 | 七一・二 |
| 漂白布 | 一九四、四三四 | 九、五九八 | 四・九 | 五〇、一三三 | 二、四九八 | 五・〇 |
| 印染之布 | 一九五、九三四 | 九三、〇九五 | 四七・五 | 四八、六一〇 | 二一、二〇〇 | 四三・六 |
| 帶色織品 | 九〇、九八五 | 七四、五七八 | 八一・九 | 一七、〇二八 | 一二、五六三 | 七三・八 |
| 洋紗、其他 | 八一、四六七 | 四、一八九 | 五・一 | 二五、九六五 | 一、五三七 | 六・〇 |
| 總額 | 六三二、〇七一 | 二二九、九九九 | 三六・四 | 一五四、九三七 | 四七、一九五 | 三〇・五 |

自日本進口之棉織纖維品與進口總值之比較表（數量千碼單位、價值千荷盾單位）

| 年份 | 類別 | 數量 進口總值 | 數量 日本部份 | 數量 百分率 | 價值 進口總值 | 價值 日本部份 | 價值 百分率 |
|---|---|---|---|---|---|---|---|
| 一九三〇年 | 未漂白布 | 五四、七二〇 | 四二、八一五 | 七八・二 | 七、九六三 | 七、九六三 | 七九・八 |
| | 漂白布 | 一六四、二五六 | 一三、〇九九 | 七・九 | 三八、七四二 | 二、九八二 | 七・七 |
| | 印染之布 | 一七三、六三九 | 九六、九八六 | 五五・九 | 三八、七二二 | 一七、一一四 | 四九・三 |
| | 帶色織品 | 七八、二一〇 | 六五、二七四 | 八三・五 | 一二、八一〇 | 九、九六三 | 七七・八 |
| | 洋紗、其他 | 四九、二六一 | 三、四〇三 | 六・九 | 一三、七五五 | 七八〇 | 六・三 |
| | 總額 | 五二〇、〇八六 | 二二一、五七七 | 四二・六一 | 一一〇、〇一二 | 三八、八九二 | 三五・四 |
| 一九三一年 | 未漂白布 | 五六、七三八 | 四六、四二八 | 八一・九 | 八、二九〇 | 六、八四六 | 八二・六 |
| | 漂白布 | 一三六、七〇三 | 二一、五九五 | 一五・八 | 二六、四四四 | 四、〇九六 | 一五・五 |
| | 印染之布 | 一六八、五四七 | 一一三、四八八 | 六七・三 | 二八、七六七 | 一六、〇二八 | 六二・二 |
| | 帶色織品 | 八三、一七四 | 七一、七六七 | 八六・三 | 一一、九一六 | 九、九八一 | 八三・八 |
| | 洋紗、其他 | 三二、四六〇 | 五、一〇四 | 一五・七 | 七、一五五 | 一、〇四一 | 一四・五 |
| | 總額 | 四七七、六二二 | 二五八、四三六 | 五四・一 | 七九、五七二 | 三七、九九二 | 四七・七 |
| 一九三二年 | 未漂白布 | 六五、四一四 | 五八、三六四 | 八九・二 | 七、三六五 | 六、六四五 | 九〇・二 |
| | 漂白布 | 一四一、九二七 | 五三、六六八 | 三七・八 | 二一、三四四 | 七、四八一 | 三五・一 |
| | 印染之布 | 二三四、四〇八 | 一八一、六三八 | 七七・五 | 二一、七六九 | 一四、五四九 | 六六・八 |
| | 帶色織品 | 七一、七一五 | 六二、〇〇三 | 八六・六 | 七、七〇三 | 六、一一一 | 七九・三 |
| | 洋紗、其他 | 四五、〇一二 | 一五、三六九 | 三四・一 | 六、七六〇 | 一、五一七 | 二二・四 |
| | 總額 | 五五八、四七六 | 三七一、〇四二 | 六四・七 | 六四、九四一 | 三六、三〇三 | 五五・九 |

一四〇

| 年份 | 品目 | 數量：進口總值 | 數量：日本部份 | 數量：百分率 | 價值：進口總值 | 價值：日本部份 | 價值：百分率 |
| --- | --- | --- | --- | --- | --- | --- | --- |
| 一九三三年 | 未漂白布 | — | — | — | 九六、七〇〇 | 六二、二〇〇 | 六四・三 |
| | 漂白布 | — | — | — | | | |
| | 印染之布 | — | — | — | | | |
| | 帶色織品 | — | — | — | | | |
| | 洋紗、其他 | — | — | — | | | |
| | 總額 | — | — | — | 九六、七〇〇 | 六二、二〇〇 | 六四・三 |
| 一九三四年 | | | （重量：噸） | | | | |
| | 未漂白布 | — | 七、八六七 | — | 七八、〇〇〇 | 六、七九四 | 七〇・七 |
| | 漂白布 | — | 一〇、四九九 | — | | 一〇、五九八 | |
| | 印染之布 | — | 二四、四九三 | — | | 一六、七八四 | |
| | 帶色織品 | — | 五、五九一 | — | | 七、七二八 | |
| | 洋紗、其他 | — | 一四、六八四 | — | | 一三、〇九三 | |
| | 總額 | — | 六三、一三四 | — | 七八、〇〇〇 | 五四、九九七 | 七〇・七 |
| 一九三五年 | | | （重量：噸） | | | | |
| | 未漂白布 | — | 七、四三九 | — | 六五、四〇〇 | 六、二二二 | 六八・八 |
| | 漂白布 | — | 六、五九〇 | — | | 六、二八九 | |
| | 印染之布 | — | 二三、六八五 | — | | 一七、一〇九 | |
| | 帶色織品 | — | 五、五四九 | — | | 六、二四九 | |
| | 洋紗、其他 | — | 八、九三二 | — | | 九、一三一 | |
| | 總額 | — | 五二、一九五 | — | 六五、四〇〇 | 四五、〇〇〇 | 六八・八 |

181

日本輸往東印度之棉織纖維、一九三五年較一九三四年、雖略見減少、但此係東印度總輸入減少之故、而日貨在東印度總輸入中所占比率、仍極重要、在一九三六年之進口數量爲七三、九九四公噸、一九三七年劇增至一一〇、七三一公噸、

査一九三八年由日本輸入東印度之棉織纖維爲三三、八四七千荷盾、一九三九年爲四一，七三六千荷盾、

(2) 水泥——在一九二九年東印度羣島水泥進口、佔日本水泥出口總額百分之三十八、一九三〇年佔百分之三十二、一九三一年佔百分之廿三・八、一九三二年佔百分之三〇・六、由此觀之、東印度羣島爲日本水泥國外唯一主要市場、設在巴東(Padang)及蘇門答臘等國內工廠、所供給東印度之水泥、僅有百分之四十、茲將國內產額及進口額之數字、按序示於下表：

(數量千桶單位、每桶爲一八〇公斤)

| 年份 | 巴東水泥 數量 | 巴東水泥 百分率 | 自日本進口 數量 | 自日本進口 百分率 | 自歐洲進口 數量 | 自歐洲進口 百分率 |
|---|---|---|---|---|---|---|
| 一九二九年 | 八七六 | 三九 | 九二二 | 四二 | 四四三 | 一九 |
| 一九三〇年 | 八三七 | 四二 | 九九一 | 五〇 | 一五九 | 八 |
| 一九三一年 | 七六六 | 五四 | 六二八 | 四四 | 二六 | 二 |
| 一九三二年 | 四六九 | 三八・五 | 七三〇 | 六〇 | 一八 | 一・五 |
| 一九三三年 | 四三六 | — | 一〇五、〇〇四公噸 | — | 七四六公噸 | — |
| 一九三四年 | — | — | 五二、三三一公噸 | — | 四八九公噸 | — |
| 一九三五年 | — | — | 四八、四二八公噸 | — | 四九四公噸 | — |
| 一九三六年 | — | — | 四八、九五八公噸 | — | 九、〇六九公噸 | — |

（乙）輸往日本之出口貨物

自東印度羣島輸往日本之貨物，以糖及石油產品兩種最爲重要，日本在昔所有進口糖，實際上完全自東印度進口，但自一九三〇年後，台灣糖產大增，進口糖因之劇減，日本購進之橡膠大部份係自海峽殖民地進口，但在一九二四年自東印度進口者佔百分之五·二，而在一九三一年忽增爲百分之二十五，一九三四年至一九三五年降爲百分之四·七，

玆將東印度輸往日本之主要貨物列表如下：

東印度輸往日本主要貨物表（單位千荷盾）

| 品名 | 一九三四年份 | 一九三五年份 |
|---|---|---|
| 石油 | 五、二四一 | 七、一三三 |
| 樹膠 | 四、二八〇 | 四、一三三 |
| 茶 | 五 | 六 |
| 錫 | 九六 | 二五 |
| 砂糖 | 五、〇四四 | 四、九八八 |
| 烟草 | — | — |
| 椰乾 | 一〇一 | 六一五 |
| 咖啡 | 三〇六 | 三四五 |
| 棕油 | 二九 | 五 |

| 品名 | 一九三四年份 | 一九三五年份 |
|---|---|---|
| 胡椒 | 一〇 | 一三 |
| 金鷄納霜 | 四五六 | 三九六 |
| 硬質纖維 | 一 | 五三 |
| 荚粉 | 一三一 | 一五三 |
| 木棉 | 九三 | 四七 |
| 皮革 | 九 | 一〇 |
| 檳榔 | 一 | \| |
| 木材 | 五一八 | 七〇〇 |
| 樹脂 | 一三一 | 一六九 |
| 玉蜀黍 | 五八七 | 二、五六九 |
| 含油種子 | 五八二 | 六九八 |
| 藤 | 六九 | 七七 |
| 芳香油 | 一一八 | 一〇五 |
| 椰粕 | 一 | \| |
| 其他 | 一、六一八 | 二、〇一三 |
| 合計 | 一九、四二七 | 二一、五五六 |
| 百分率 | 三・九九% | 五・四四% |



茲將東印度羣島與主要各國一九三九年及一九四〇年之進出口貿易總值列表於下、以資參攷：

東印度羣島與主要各國之進出口總值表（單位百萬荷盾）

| 國別 | 進口總值 | | 出口總值 | |
|---|---|---|---|---|
| | 一九三九年 | 一九四〇年 | 一九三九年 | 一九四〇年 |
| 美國 | 六三・八 | 一〇三 | 一四四・七 | 二七三 |
| 昭南 | 三三・五 | 不明 | 一二四・五 | 一八二 |
| 荷蘭 | 九六・六 | 六三 | 一〇七・五 | 四八 |
| 英國 | 三三・三 | 三六 | 三四・一 | 五五 |
| 日本 | 八五・一 | 一〇一 | 二四・七 | 四八 |
| 其他共總計 | 五一九・三 | 四四四 | 七四六・九 | 八七三 |

## 五、與中國之貿易

### （甲）貿易之分析

東印度羣島、在對華銷售各國中、位居第五位、次於美、日、英、德數國、約佔中國之進口總額百分之六、另一方面、中國在對東印度銷售各國中、位居第八位、僅佔東印度進口總額百分之二、

（1）貿易數量——當一八六八年至一九〇一年之間、此二國間貿易之總額爲數極小、在一八六八年海關銀數祇四三八、六〇八兩、在一九〇一年海關銀數祇八九九、一六六兩、但自一九〇二年以上各年、曾見較速之發展、在一九〇二年自海關銀數一、八〇〇、〇〇〇兩起、在一九一八年增至一

〇、〇〇〇、〇〇〇兩、一九二一年爲二〇、〇〇〇、〇〇〇兩、至一九二九年、已達海關銀數六八、四〇〇、〇〇〇兩、爲空前所罕見、當不景氣之年、此業仍能堅定完好、殊爲可貴、迫一九三二年中數量尚能維持至國幣五五、〇〇〇、〇〇〇元以上、當此時之數字始見降低、然在一九三三年又重始增加、而在一九三四年數字已達七〇、〇〇〇、〇〇〇元以上、一九三五年爲六三、三四七、〇〇〇元、一九三六年七九、一四三、〇〇〇元、一九三七年八六、九四六、〇〇〇元、一九三八年五二、四〇八、〇〇〇元、一九三九年七六、〇三八、〇〇〇元、一九四〇年爲一五六、〇二〇、〇〇〇元、一九四一年（十月止）爲二七四、三〇六、〇〇〇元、

（2）貿易平衡數（Trade Balance）——自一八九七年以來、貿易平衡數對中國殊爲不利、自一八六八年設立中國海關、至一九三三年、與東印度貿易、中國之入超淨額（Net Unfavourable Balance）估計關銀四三八、四三一、八二一五兩、查近年來與東印度之貿易情形、中國仍居入超地位、照東印度海關報告、自東印度至中國之輸出盈餘數列表如下：（單位百萬荷盾）（一九三八年至一九四一年改爲百萬關金單位）

| | 輸出至華之總額 | 自華輸入之總額 | 輸出盈餘額 |
|---|---|---|---|
| 一九二九年 | 五五·二 | 一八·七 | 三六·四 |
| 一九三〇年 | 四三·七 | 一八·一 | 二五·六 |
| 一九三一年 | 二三·四 | 一四·一 | 九·三 |
| 一九三二年 | 一四·五 | 六·〇 | 八·五 |
| 一九三三年 | 一四·九 | 六·六 | 八·三 |
| 一九三四年 | 九·九 | 六·九 | 三·〇 |
| 一九三五年 | 八·九 | 五·一 | 三·八 |
| 一九三六年 | 九·七 | 五·九 | 三·八 |
| 一九三七年 | 九·五 | 一·四 | 八·一 |
| 一九三八年 | 一九·八 | 二·九 | 一六·九 |
| 一九三九年 | 二三·六 | 六·七 | 一六·九 |
| 一九四〇年 | 三九·七 | 一七·九 | 二一·八 |
| 一九四一年（一月至十月止） | 一二八·五 | 五三·九 | 七四·六 |

中國對此不利之貿易平衡數（進出口貨之相差數）、並無十分關係、因有無形進口之華僑匯欵、足將貿易上之入超差額、抵銷而有餘、故年中償付之平衡、結果、中國實轉爲有利地位、在一九三四年中國銀行、估計海外華僑之匯欵、數達二五〇、〇〇〇、〇〇〇元之鉅、其中二〇、〇〇〇、〇〇〇元、進自東印度、因受不景氣之影響、在已往數年中、斯種匯欵數額、已顯降低云、

（乙）東印度羣島輸華之進口物品

糖與石油產品在進口貨物中、爲最重要之項目、在一九二九年各佔百分之七十五與百分之二十、而一九三三年各佔東印度輸華之進口稅額百分之三十七與百分之五一・六、一九三四年各佔百分之三〇・三及百分之五四・五、一九三五年各佔百分之二一・〇及百分之六二・〇、一九三六年各佔百分之一五・五及百分之五七・七、一九三七年各佔百分之八・四及百分之七一・四、一九三八年各佔百分之九・一及百分之八七・六、一九三九年各佔百分之六・〇及百分之六六・九、一九四〇年各佔百分之一八・〇及五四・八、一九四一年（十月止）各佔百分之一一・〇及一五・九、

在中國出口物品中、紡織品及棉紗等佔第一位、而食料與飲料等次之、對東印度貿易、豆類在中國出口項目中、常居重要之地位、但自一九三一年九月十八日東北事變以來、此種商業、在中國貿易上之收入、完全滅跡、中國出口至東印度之紡織品及棉紗等、近來亦降低頗鉅、由於日本競爭之結果也、

（1）糖與石油產品——玆將輸華東印度之糖與石油產品等之統計、其價值以百萬荷盾計算、及中國進口總額之百分比、表示如下：（自一九三七年起改爲關金千單位）

| 年份 | 輸華總額 | 糖 | | 石油產品 | |
|---|---|---|---|---|---|
| | | 價值 | 百分比 | 價值 | 百分比 |
| 一九二八年 | 六〇·五 | 四七·三 | 七八·〇 | 八·五 | 一四·一 |
| 一九二九年 | 五五·二 | 四〇·九 | 七四·一 | 一一·二 | 二〇·三 |
| 一九三〇年 | 四三·八 | 二九·三 | 六六·九 | 九·二 | 二一·〇 |
| 一九三一年 | 二三·五 | 一二·五 | 五三·一 | 七·七 | 三二·八 |
| 一九三二年 | 一四·三 | 六六·八 | 四七·五 | 五·七 | 三九·八 |
| 一九三三年 | 一四·九 | 五·五 | 三七·〇 | 五·七 | 五一·六 |
| 一九三四年 | 九·九 | 三·〇 | 三〇·三 | 五·四 | 五四·五 |
| 一九三五年 | 八·九 | 一·八 | 一一·〇 | 五·五 | 六二·〇 |
| 一九三六年 | 九·七 | 一·五 | 一五·五 | 五·六 | 五七·七 |
| 一九三七年 | 三五、四八五 | 二、九八七 | 八·四 | 二五、三六一 | 七一·四 |
| 一九三八年 | 一九、八七一 | 一、八七四 | 九·一 | 一七、四二六 | 八七·六 |
| 一九三九年 | 二三、五九二 | 一、四〇七 | 六·〇 | 一五、七九三 | 六六·九 |
| 一九四〇年 | 三九、七一三 | 七、一四九 | 一八·〇 | 二一、七四六 | 五四·八 |
| 一九四一年（十月份止） | 一二八、五〇三 | 一四、一五七 | 一一·〇 | 二〇、五〇四 | 一五·九 |

輸華之出口貿易、當此不景氣之時期、降低殊烈、在一九二八年自六〇・五百萬起、至一九三三年跌爲一四・九百萬止、等於一九二八年所作貿易百分之二四・六、但有一點、吾儕必須記憶、即荷盾（幾乎與中國海關金單位相等）未見貶値之事實也、如從中國方面觀之、自東印度進口之數額或互相之百分比、倘以中國流動國幣表示之、並未顯出猝然之降低云、查一九三七年起輸華總額劇增至三千五百餘萬關金之多、一九三八年驟減爲一千九百餘萬關金、係因中國統制外匯獎勵出口之故、一九三九年略升至二千三百餘萬關金、一九四〇年又升至三千九百餘萬關金、至一九四一年（十月止）劇增之一萬萬二千八百餘萬關金、

中國與東印度、對於糖之貿易、數量與百分比、其重要地位、雙方備見減少、即以前自日本進口之精糖（平常購自東印度之生糖）、今日大半來自台灣種植、進口重稅之徵收（精糖每百公斤關金單位爲九元六角）、華南統制糖業之限制、以及國貨糖產之增加、諸如此類、均爲阻止東印度輸糖至華之主要原因、然此貨在中國市場上、仍居重要地位、在一九三二年、佔中國進口糖之總額百分之二九・四、一九三三年爲百分之五〇・五、一九三四年爲百分之四七・〇、一九三五年爲百分之三二・四、一九三六年爲百分之三〇・三、一九三七年爲百分之三〇・一、一九三八年爲百分之二一・八、一九三九年爲百分之六・五、但近年來突見增加、一九四〇年劇增爲百分之二七・二、一九四一年（十月止）更增爭百分之四七・四、

石油產品顯示穩定上漲之勢、從東印度方面觀之、輸華之石油產品逐年升高、自一九二八年至一九四一年、輸華出口總額之百分率、各爲一四・一、二〇・三、二一・〇、三二・八、三九・八、五

一・五、五四・五、六二・〇、五七・七、七一・四、八七・六、六六・九、五四・八、一五・九、

自中國方面觀之、同樣之趨勢亦可察出、玆將各國所佔中國石油進口之百分比表示如下：

中國進口之石油及其產品國別數値表（自一九三五年起進口總額改為關金千單位）

| 年份 | 進口總額 | 美國之百分比 | 東印度之百分比 | 蘇俄之百分比 | 其他各國之百分率 |
| --- | --- | --- | --- | --- | --- |
| 一九二八 | 二六三・二 | 七七・四 | 六・三 | 一・〇 | 一五・三 |
| 一九二九 | 二四六・八 | 六八・一 | 一六・三 | 〇・五 | 一四・九 |
| 一九三〇 | 一八六・六 | 六六・〇 | 一五・一 | 一・四 | 一七・五 |
| 一九三一 | 一七一・一 | 七二・七 | 一七・五 | 三・二 | 一六・六 |
| 一九三二 | 一四五・九 | 五六・三 | 二五・二 | 一三・八 | 四・七 |
| 一九三三 | 一八七・三 | 四九・五 | 二九・八 | 一三・〇 | 七・七 |
| 一九三四 | 一一九・〇 | 五〇・二 | 三〇・二 | 九・一 | 一〇・五 |
| 一九三五 | 四五、二五七 | 四三・四 | 四四・一 | 七・三 | 五・二 |
| 一九三六 | 三八、四三一 | 三一・九 | 六二・二 | 〇・六 | 五・三 |
| 一九三七 | 四三、九〇八 | 三七・七 | 五七・八 | 〇・一 | 四・四 |
| 一九三八 | 三〇、三六九 | 五三・〇 | 四〇・九 | — | 六・一 |
| 一九三九 | 三〇、五七八 | 三三・六 | 五一・六 | — | 一四・八 |
| 一九四〇 | 四一、一八六 | 三〇・三 | 五二・六 | — | 一七・一 |
| 一九四一（十月份止） | 四四、三八七 | 三四・八 | 四六・二 | — | 一九・〇 |

至是在中國石油貿易中、美國居首位、殊為顯著、而東印度與蘇俄又次之、但近年來東印度所佔

首席、美國除居第二位、茲將一九三二年至一九四一年、自美國、東印度、蘇俄等輸華之石油進口數量與價值、表示於下：（數量：百萬加侖、價值：百萬關金單位）

| 國別 | 一九三二年 數量 | 一九三二年 價值 | 一九三三年 數量 | 一九三三年 價值 | 一九三四年 數量 | 一九三四年 價值 | 一九三五年 數量 | 一九三五年 價值 | 一九三六年 數量 | 一九三六年 價值 |
|---|---|---|---|---|---|---|---|---|---|---|
| 美國 | 六五·一 | 二〇·八六三 | 一九二·七 | 三六·一九五 | 八二·三 | 二六·九五一 | — | 一九·七 | — | 一二·五 |
| 東印度 | 三六·八 | 二〇·七〇〇 | 五五·八 | 一一·五六七 | 五六·七 | 一五·六五一 | — | 三〇·〇 | — | 三五·九 |
| 蘇俄 | 一一·一 | 一·七六八 | 二四·五 | 五·三〇七 | 三〇·一 | 六·一三四 | — | 五·五 | — | 〇·三 |
| 總計（包括其他各國） | 一三三·七 | 三〇·六五三 | 二八七·五 | 四四·八〇〇 | 一四五·九 | 五一·五四三 | 三九九·六百萬公斤<br>五八一·五百萬公升 | 四五·五 | 三一四·七百萬公斤<br>六一七·二百萬公升 | 三八·四 |

| 國別 | 一九三七年 數量 | 一九三七年 價值 | 一九三八年 數量 | 一九三八年 價值 | 一九三九年 數量 | 一九三九年 價值 | 一九四〇年 數量 | 一九四〇年 價值 | 一九四一年（一月至十月止） 數量 | 一九四一年（一月至十月止） 價值 |
|---|---|---|---|---|---|---|---|---|---|---|
| 美國 | — | 一六·七 | — | 一六·二 | — | 一〇·五 | — | 一二·五 | — | 一五·八 |
| 東印度 | | 二五·四 | — | 一二·四 | — | 一五·八 | — | 二二·七 | — | 二〇·八 |
| 蘇俄 | — | 〇·〇〇五 | — | — | — | — | — | — | — | — |
| 總計（包括其他各國） | 三六〇·七百萬公斤<br>七〇二·七百萬公升 | 四二·九 | 一六七·三百萬公斤<br>三三九·七百萬公升 | 三〇·四 | 一六九·七百萬公斤<br>三〇二·二百萬公升 | 三〇·六 | 四二五·六百萬公升 | 四二·三 | 三六一·八百萬公升 | 四四·[illegible] |

自東印度進口之石油產品、此種貨物在中國進口總額中、居極高之地位、下表即擴大前表之記載

中國進口之石油產品（關金千單位計算、及進口總額之百分比）

| 名稱 | 一九三三年 進口總額 | 一九三三年 東印度部份 | 一九三三年 總額之百分比 | 一九三四年 進口總額 | 一九三四年 東印度部份 | 一九三四年 總額之百分比 | 一九三五年 進口總額 | 一九三五年 東印度部份 | 一九三五年 總額之百分比 | 一九三六年 進口總額 | 一九三六年 東印度部份 | 一九三六年 總額之百分比 |
|---|---|---|---|---|---|---|---|---|---|---|---|---|
| 汽油、粗石油、偏蘇汽油等 | 一〇、九三八 | 五、七五七 | 五二 | 九、八二九 | 三、四三三 | 三四 | 一〇、六五三 | 五、三二七 | 五〇·〇 | 一〇、〇四七 | 六、五六二 | 六五·三 |
| 流液燃料 | 九、九〇八 | 六、五四四 | 六六 | 一〇、八三五 | 六、七五〇 | 六三 | 一〇、三九九 | 六、〇八〇 | 五八·八 | 七、一五八 | 四、五七五 | 六三·九 |

| 名稱 | 一九三七年 進口總額 | 一九三七年 東印度部份 | 一九三七年 總額之百分比 | 一九三八年 進口總額 | 一九三八年 東印度部份 | 一九三八年 總額之百分比 | 一九三九年 進口總額 | 一九三九年 東印度部份 | 一九三九年 總額之百分比 | 一九四〇年 進口總額 | 一九四〇年 東印度部份 | 一九四〇年 總額之百分比 | 一九四一年（一至十一止） 進口總額 | 一九四一年（一至十一止） 東印度部份 | 一九四一年（一至十一止） 總額之百分比 |
|---|---|---|---|---|---|---|---|---|---|---|---|---|---|---|---|
| 汽油、粗石油、偏蘇汽油等 | 一二、一七〇 | 六、九六八 | 五七·二 | 六、九七三 | 三、七三四 | 五三·五 | 一〇、〇〇一 | 六、三三四 | 六三·三 | 一二、三四四 | 六、四〇八 | 五二·三 | 一五、七八八 | 七、三五七 | 四六·八 |
| 流液燃料 | 六、五四二 | 四、四四九 | 六八·二 | 四、六七七 | 三、八五一 | 八〇·五 | 四、三三七 | 二、八五八 | 八〇·四 | 二八、六九九 | 一五、五五八 | 五五·〇 | 二八、三八八 | 一三、三四七 | 四八·二 |

在一九三三年東印度對於中國之汽油（粗石油及偏蘇汽油）與流液燃料等進口、各佔百分之五十二、及百分之六十六、一九三四年共百分比各爲三十四與六十三、自東印度進口之汽油、在一九三四年始見降跌、因有大宗之汽油自幾安那進口之故也、一九三五年各佔百分之五〇·〇及百分之五八·八、一九三六年各佔百分之六五·三及百分之六三·九、一九三七年各佔百分之五七·二及百分之六

八・二、一九三八年各佔百分之四一・五及百分之六〇・九、一九三九年各佔百分之六二・三及百分之六〇・四、一九四〇年各佔百分之五二・二及五三・〇、一九四一年（十月止）各佔百分之四五・八及百分之四六・四、

（丙）對東印度羣島之出口

自一九二六年至一九三三年、中國輸往東印度羣島之出口趨勢、已見降低、各年之數字爲二〇、一八・八、一八・九、一八・七、一八・二、一四・二、六〇〇、六・六百萬荷盾、自一九三四年至一九四一年各年之數字爲七・〇、四・九、四・七、六・二、六・六、一七・六、四八・五、一四五・八百萬國幣、中國對東印度之出口、以荷盾爲本位、並無十分誤引之處、祗須牢記一九三一年至一九三四年、華幣幾自高價跌至二元等於一荷盾之比例、甚至有時更劣、自一九三二年中國採用關金單位以來、中國與東印度間之數字、更易明瞭、因關金單位幾與荷盾相等、其實在已往十餘年時中國對東印度之主要出口貨物、其重要地位業經變易、有數種貨物（如香烟等）、幾完全擯出、因受重稅禁止之影響、或當地競爭之發生、而其他貨物（如棉紗及疋頭等貨）因中國棉織業發達之結果、已在東印度、得一新出路、大概食料、飲料、棉紗、疋頭等、代表中國輸往東印度、出口貨物中之最要貨物、

（丁）輸往東印度羣島之出口貨物

玆將中國之出口數值以千位荷盾計算（自一九三四年起改爲國幣）、並將出口貨物分爲十五類、列表於下：

中國輸往東印度之出口貨物表（千荷盾單位）（一九三四年起改為國幣千單位）

| 貨物名稱 | 一九二九年份 | 一九三〇年份 | 一九三一年份 | 一九三二年份 | 一九三三年份 | 一九三四年份 | 一九三五年份 |
|---|---|---|---|---|---|---|---|
| 動植物 | 八 | 二 | 一〇 | 八 | 八 | 三七 | 三七 |
| 飲食品 | 四、五六八 | 四、五五七 | 四、〇六九 | 一、九二七 | 一、八八八 | 四九二 | 四一九 |
| 動植物產品 | 三〇七 | 三〇一 | 一八二 | 九一 | 九四 | 三六七 | 二〇九 |
| 鑛物及金屬製品 | 一、七七二 | 六四一 | 二二二 | 二三三 | 三七 | 四八 | 七七 |
| 化學產品等 | 二、六八九 | 二、二〇二 | 二、二五五 | 九〇五 | 七五〇 | 八五 | 三四 |
| 陶磁器 | 一五一 | 三三三 | 八三 | 三六 | 二五 | 五八 | 六七 |
| 玻璃及其製品 | 三八 | 五五 | 五七 | 七一 | 八一 | 一五 | 七 |
| 木料、軟木、木器 | 一七三 | 三六九 | 一六六 | 六六 | 六六 | 三三 | 一〇 |
| 皮革等 | 四一 | 一八三 | 一四八 | 六六 | 三七 | 九 | 三 |
| 棉紗與棉製品 | 七、六五六 | 六、二四四 | 六、〇五一 | 二、一六六 | 二、九四〇 | 四、五五九 | 二、八三三 |
| 紙張與紙製品 | 七〇二 | 七三四 | 六〇八 | 三六六 | 三八四 | 一六九 | 一八一 |
| 五金（鋼鐵等） | 一二四 | 二七 | 六二 | 二四〇 | 四六 | （在鑛物及金屬品內） | （同上） |
| 車輛等 | 三 | 一三 | 二 | — | 一 | — | — |
| 機器、器具、燈盞 | 三四七 | 三七九 | 三五七 | 一八八 | 三七三 | 一三八 | 九八 |
| 未分類者 | 一六九 | 一六五 | 一四一 | 三六 | 七 | 八九 | 四一 |
| 總計 | 一八、七四六 | 一八、一九六 | 一四、一九六 | 八、〇二〇 | 六、六一五 | 七、〇五二 | 四、九九一 |
| 輸爪哇馬都拉 | 一二、二三一 | 一二、一六五 | 八、九四八 | 五、七七一 | 四、五五五 | — | — |
| 輸外羣島 | 六、五一五 | 六、〇三一 | 五、二四八 | 二、二四九 | 二、〇六〇 | — | — |

| 貨物名稱 | 一九三六年份 | 一九三七年份 | 一九三八年份 | 一九三九年份 | 一九四〇年份 | 一九四一年份一月至十月止 |
| --- | --- | --- | --- | --- | --- | --- |
| 動植物 | 三一 | 三八 | 三八 | 七七 | 三〇一 | 七三九 |
| 飲食品 | 六五九 | 六四四 | 四四六 | 六七九 | 九八五 | 九八九 |
| 動植物產品 | 一〇六 | 一二五 | 一三〇 | 三三九 | 三三〇 | 五四〇 |
| 鑛物及金屬製品 | 五一 | 八八 | 一一九 | 一、八六九 | 八、九四一 | 一六、二四三 |
| 化學產品等 | 六八 | 九四 | 八五 | 三八二 | 一、五九八 | 一、七一九 |
| 陶磁器 | 一三六 | 六二 | 二五五 | 四二九 | 一、五〇三 | 二、一六九 |
| 玻璃及其製品 | 一四 | 一九 | 三二 | 五七〇 | 三、〇六二 | 五、四一二 |
| 木料、軟木、木器 | 二九 | 三五 | 三九 | 一四〇 | 四六八 | 六三四 |
| 皮革等 | 二五 | 一二 | 三五 | 七 | 四 | 一七 |
| 棉紗與棉製品 | 二、三八九 | 六、八五三 | 四、四八六 | 一〇、二四八 | 一八、九八八 | 二〇三、六七二 |
| 紙張與紙製品 | 一八八 | 四〇二 | 一〇五 | 三〇一 | 一、六五六 | 二、一二〇 |
| 五金（鋼鐵等） | （在鑛物及金屬品內） | （同上） | （同上） | （同上） | （同上） | （同上） |
| 車輛等 | — | — | — | — | — | — |
| 機器、器具、燈盞 | 一三八 | 三六八 | 三三九 | 四八九 | 一、五九五 | 三、〇九六 |
| 未分類者 | 五九 | 八一 | 六六 | 四二九 | 八、三〇四 | 八、三六四 |
| 總計 | 四、七四六 | 六、三三八 | 六、六六四 | 一七、六八八 | 四八、五三二 | 二四五、八〇三 |
| 輸爪哇馬都拉 | — | — | — | — | — | — |
| 輸外羣島 | — | — | — | — | — | — |

茲爲詳細分析起見、第十類之棉紗與棉製品、又可重分爲三類、即織造品、棉紗、與衣裝品三種、列表如下：（價值爲百萬荷盾單位）（一九三四年起價值改爲國幣百萬元單位）

| 年份 | 出口總值 | 織造品 價值 | 織造品 百分比 | 棉紗 價值 | 棉紗 百分比 | 衣裝品 價值 | 衣裝品 百分比 |
|---|---|---|---|---|---|---|---|
| 一九二五 | 二一・八 | 三・一 | 一四・二 | 一・〇 | 四・六 | 〇・八 | 三・七 |
| 一九二六 | 二〇・一 | 二・八 | 一三・九 | 一・五 | 七・五 | 一・二 | 六・〇 |
| 一九二七 | 一八・八 | 三・八 | 二〇・二 | 一・八 | 九・六 | 一・五 | 八・〇 |
| 一九二八 | 一八・九 | 二・九 | 一五・三 | 二・八 | 一四・八 | 一・九 | 一〇・一 |
| 一九二九 | 一八・七 | 二・八 | 一五・〇 | 三・一 | 一六・六 | 一・六 | 八・六 |
| 一九三〇 | 一八・二 | 一・九 | 一〇・四 | 二・七 | 一四・八 | 一・六 | 八・二 |
| 一九三一 | 一四・二 | 一・五 | 一〇・六 | 二・五 | 一七・六 | 一・四 | 九・九 |
| 一九三二 | 六・〇 | 〇・八 | 一三・三 | 〇・七 | 一一・七 | 〇・六 | 一〇・〇 |
| 一九三三 | 六・〇 | 〇・八 | 一三・一 | 一・六 | 二六・七 | 〇・五 | 八・三 |
| 一九三四 | 七・〇 | 〇・六 | 八・五 | 三・一 | 四四・三 | 〇・四 | 五・七 |
| 一九三五 | 四・九 | 〇・一 | 二・〇 | 一・九 | 三六・九 | 〇・四 | 八・一 |
| 一九三六 | 四・七 | 〇・二 | 四・二 | 一・四 | 二九・四 | 〇・三 | 六・三 |
| 一九三七 | 六・二 | 〇・七 | 一一・三 | 二・三 | 三七・一 | 〇・三 | 四・八 |
| 一九三八 | 六・六 | 〇・四 | 六・〇 | 三・三 | 五〇・〇 | 〇・三 | 四・五 |
| 一九三九 | 一七・七 | 二・六 | 一四・七 | 五・五 | 三一・〇 | 一・五 | 八・五 |
| 一九四〇 | 四八・五 | 三・六 | 七・四 | 一一・四 | 二三・五 | 四・九 | 一〇・〇 |
| 一九四一年（一月至一〇月止） | 一四五・八 | 三四・七 | 二三・九 | 五九・四 | 四〇・九 | 九・五 | 六・五 |

（1）棉紗——在已往數年、棉紗在出口貨物中、益加重要、殊為引人注意、中國全部棉紗之出口、大部爲灰白色、其主要之輸往地爲高麗、日本、印度、香港、及東印度、前後所排次序、以地位之重要定之、中國每年棉紗出口總額、在一九三二年爲一六·二百萬關金、一九三三年爲二〇·四百萬關金、一九三四年爲一五·九百萬關金、一九三五年爲一〇·〇百萬關金、一九三六年爲五·四百萬關金、一九三七年爲二一·一百關金、一九三八年爲九·九百萬關金、一九三九年爲一二·〇百萬關金、一九四〇年爲二六·一百萬關金、一九四一年（十月止）爲五〇·五百萬關金、除此以外、而輸往東印度之部份自一九三二年至一九三四年各爲〇·七百萬、一·六百萬、一·二百萬關金、一九三五年爲一·二百萬國幣、一九三六年爲〇·八百萬國幣、一九三七年爲一·七百萬國幣、一九三八年爲二·三百萬國幣、一九三九年爲三·七百萬國幣、一九四〇年爲七·八百萬國幣、一九四一年爲五二·四百萬國幣、各代表出口總額百分之一一·七、四·六、及七·〇、六·七、六·四、三五·一、一〇·一、一一·七、一〇·〇、三八·三、

茲將一九三三年與一九四一年、各國所佔中國棉紗出口之價值與數量、列表於下：

| 國別 | 一九三三年 數量公担 | 一九三三年 價值國幣 | 一九三四年 數量公担 | 一九三四年 價值國幣 | 一九三五年 數量公担 | 一九三五年 價值國幣 | 一九三六年 數量公担 | 一九三六年 價值國幣 |
|---|---|---|---|---|---|---|---|---|
| 高麗 | 九七、五五六 | 一〇、五五〇、一一五 | 八七、七三六 | 八、九九九、五〇一 | 二一、一八七 | 二、一九九、五三九 | 三五、九六五 | 六〇三、〇七五 |
| 日本 | 一〇五、七七八 | 一三、八二九、四三四 | 五五、二五三 | 六、三一八、四七二 | 一五、九三四 | 二、四九三、三九四 | 七、二〇三 | 一、一二七、四三七 |
| 印度 | 四六、一六四 | 六、一九九、四八五 | 四七、七八一 | 六、八一四、一七四 | 五八、一三七 | 八、九一六、九一八 | 二七、八四〇 | 五、二〇五、四三二 |
| 香港 | 三八、四〇四 | 四、七〇四、八八九 | 三〇、九七七 | 三、五九三、一四八 | 一九、一四三 | 二、〇七三、二四九 | 二三、六〇二 | 二、八三二、二七三 |
| 東印度羣島 | 一六、七一四 | 一、八六一、八二五 | 二〇、五八〇 | 三、二四三、〇六九 | 一一、三〇四 | 一、二七〇、一九五 | 七、五八三 | 八〇一、五八七 |
| 總計包括其他 | 三三七、二八八 | 四〇、〇〇六、八二五 | 二七〇、三三六 | 三一、二九三、九〇一 | 一四五、九五〇 | 一九、二三三、四八八 | 八九、八八五 | 一二、三九七、九三三 |
| | 關金單位 | 三〇、四八五、四三〇 | 關金單位 | 一五、九一二、七八八 | 關金單位 | 一〇、〇二一、五一六 | 關金單位 | 五、四八八、四三四 |

| 國別 | 一九三七年 數量公担 | 一九三七年 價值國幣 | 一九三八年 數量公担 | 一九三八年 價值國幣 | 一九三九年 數量公担 | 一九三九年 價值國幣 | 一九四〇年 數量公担 | 一九四〇年 價值國幣 | 一九四一年（一月至十月止） 數量公担 | 一九四一年（一月至十月止） 價值國幣 |
|---|---|---|---|---|---|---|---|---|---|---|
| 高麗 | 三、〇八四 | 四一七、〇四六 | — | — | — | — | — | — | — | — |
| 日本 | 一、六八七 | 三三九、〇四〇 | 五七一 | 一一、四六八 | 二、〇三四 | 五四四、七六七 | 九二一 | 五〇五、〇五六 | — | — |
| 印度 | 二五四 | 七六、九〇〇 | 四六、二三九 | 一〇、三五六、〇五七 | 四一、七八三 | 二二、五六二、六七八 | 五六、五三八 | 二一、五三三、八二九 | 九四 | 一二五、〇七七 |
| 香港 | 八、九六〇 | 一、一八三、六七八 | 四六、九七八 | 七、二七一、九〇三 | 四〇、八九七 | 二一、一五二、九二九 | 四五、二四九 | 三〇、六九三、三〇八 | 六二、七八四 | 四九、九九九、二五二 |
| 東印度羣島 | 一三、五六四 | 一、七〇五、三二八 | 一六、四七五 | 二、三七五、八一〇 | 一九、三二一 | 五、七四五、一六五 | 一三、七九一 | 七、七九七、三〇一 | 五四、五三〇 | 五三、三八四、五一八 |
| 總計包括其他 | 五七、九二三 | 四、八四四、六〇五 | 一三一、七五五 | 二三、八八五、三三〇 | 一二八、〇九六 | 五一、七六七、四七八 | 一三四、三八八 | 七四、七七八、六四〇 | 一五九、六八六 | 一五六、七四一、一五五 |
| | 關金單位 | 三、一二四、六〇八 | 關金單位 | 九、九一四、〇六八 | 關金單位 | 二二、〇七五、四九七 | 關金單位 | 三六、一四六、八九〇 | 關金單位 | 四〇、三一三、九一一 |

以上表中上海所佔部份、在一九三三年爲二九五、九一八公担、價値三六、五〇二、九〇七元、而一九三四年爲二六四、五一九公担、價値三〇、五六一、〇三六元、自東印度方面觀之、由華輸入之棉紗佔最高位、在一九三三年、棉紗進口總額爲二、六九一、六四九佛勞林（荷幣）、中國所佔部份、數達一、二〇七、二四二佛勞林、或百分之四四・八、日本佔一、一七五、七九五佛勞林、或百分之四三・六、惟荷蘭祇佔一五一、九五七佛勞林、或百分之五而已、一九三四年總額爲五八、四三四千荷盾、中國部份爲五三二千盾、佔總額百分之〇・九、日本部份爲四四、六三四千盾、佔百分之七六・三、荷蘭部份爲六、一六六千盾、佔百分之一〇・五、一九三五年之數額與一九三四年相差無幾、

更進分析之、以示中國棉紗在爪哇及馬都拉二地頗佔優勢、而日本棉紗在外羣島則佔首位、爪哇與馬都拉、在一九三三年進口總額爲一、二八五、八六七佛勞林、中國所佔部份爲九六八、五六八佛勞林、或百分之七五、而日本部份僅佔四一、八一二佛勞林、或百分之一一、在外羣島情形適反、一九三三年進口總額爲一、四〇五、七八二佛勞林、中國佔二三八、六七四佛勞林、或百分之一七、而日本則佔一、〇三三、九八三佛勞林、或百分之七三、至於爪哇主要口岸三寶壠（Semarang）及井里汶（Cheribon）二地、對於斯種進口之貿易額、爲七一一千荷盾與三七四千荷盾、而外羣島最要口岸之望加錫（Maccassar）、於一九三三年總額一・四百萬荷盾中、佔一・二百萬荷盾、（一九三四年——一九三五年之數字棉織物包括在內）

東印度進口之棉紗價値表（單位千荷盾）

| 地名 | 總額 | 一九三三年份 中國部份 | 日本部份 | 荷蘭部份 |
|---|---|---|---|---|
| 爪哇與馬都拉 | 荷幣一、二八五、八六七（一〇〇%） | 九六八、五六八（七五%） | 一四一、八一二（一一%） | 一四五、八一九（一一%） |
| 其他羣島 | 荷幣一、四〇五、七八二（一〇〇%） | 二三八、六七四（一七%） | 一、〇三五、九八三（七四%） | 六、一三八（〇・四%） |
| 總計東印度 | 二、六九一、六四九（一〇〇%） | 一、二〇七、二四二（四四・八%） | 一、一七五、九九五（四三・六%） | 一五一、九五七（五%） |

| 地名 | 一九三四年份 總額 | 中國部份 | 日本部份 | 荷蘭部份 | 一九三五年份 總額 | 中國部份 | 日本部份 | 荷蘭部份 |
|---|---|---|---|---|---|---|---|---|
| 爪哇與馬都拉 | — | | | | — | | | |
| 其他羣島 | — | 五五二（〇・九%） | 四四、六五四（七六・五%） | 六、一六六（一〇・五%） | — | 二二五（〇・五%） | 三六、七三五（七六・六%） | 七、一六八（一四・九%） |
| 總計東印度 | 五八、四五四（一〇〇%） | | | | 四八、〇〇五（一〇〇%） | | | |

260

中國棉紗在東印度、前途之希望極爲光明、當地之紡織廠、均受政府種種津貼、此外再加高關稅、以抵外貨、故自日本進口之織成品、大受額數與執照制度之限制、棉紗進口、關於數量方面則不受限制、但得免徵進口稅以致獎勵、中國棉紗之堅韌與優良之質地、均高出日本紗之上、早爲當地人士所承認、如出同等價値、則中國紗每爲人所樂於採取、查大半自華輸出之棉紗、均爲上海及其他大城市日本紗廠之出品、此點殊爲可惜、自中國來者僅佔出口總額百分之廿、日本紗廠均有代理人與代表常駐東印度、而中國廠家、對於此種便利却仍闕如、因此之故、在東印度羣島之彼邦人士、雖欲與中國紗廠貿易、但大半被迫向日本紗廠購用棉紗、

（4）織造品——自中國進口之織造品、價値上已見降低、而百分比仍無變動、自其他各國進口者則更劣、對此種營業、英荷二國曾受極大打擊、蓋因日本實際上已傾銷於市場、並無餘潤可使別國分享、總而論之、中國之棉織疋頭、在東印度市場上永未成功、實因其價値比較上不能引人注意耳、自中國輸入者惟斜紋布、細布、被單布、土布等、共合之數亦爲極少、目下市場已被日貨所籠罩、對中國織造品之輸入東印度羣島、並未若何阻止、因採用額數與執照制度之關係、對於自華輸入上、給一較大之地位、

（8）衣裝品——中國對於此種事業、仍在幼稚時代、但自華輸入之襪子、每被許多華人所樂穿、若與日貨相比、雖以五對一之比而較多、在華人社會中、中國貨物之需要、仍極活躍、凡市場上所見之襪類、毛巾、以及其他相同之貨物、均足表示華人將其產品、運銷東印度之努力也、

（4）飲食料——除大豆外、自華輸入之食品、大都供給華人社會之需要、如從單位上分析之、

均無特出之重要、但若以種類數小不同之次目論之、則逐年所積之數殊極重大、此種項目包括豆類、乾菜、鮮乾水菓、飲料、大半均自華南各口岸如廈門、汕頭、廣州等地進口、東印度華島自茶葉進口轉爲茶葉出口國後、華茶出口貿易即變減少、直至一九三二年、茶葉貿易數字、每年均表示在百萬以上、現在祗剩十分之一、自東北事變後、中國對東印度大豆之出口、即被剝奪、該業在東印度飲食品進口中、仍佔重要地位、

（5）捲烟與菸葉——在東印度未設捲烟廠數年間、自廣州與上海所去之南洋兄弟廠之捲烟、足能與自華輸入之英美牌烟競爭、但英美烟草公司、自在爪哇設立大烟廠後、消滅華人之競爭、已見效力、在一九二五年與一九三〇年、因關稅之障礙、而設立烟廠者如雨後春筍、直至一九三二年末、捲烟與菸葉加征國產稅後、自上海與廣州輸入之中國捲烟、以成本低微之故、在東印度仍佔有相當市場、中國所產之烟、以切成者爲限、自華南各口岸輸入、大半爲新到殖民地之華僑所消耗、爲數極少、

（6）爆竹——在東印度、一年有兩季銷售、一爲當地之新年紀念（在二月與五月之間）一爲中國新年紀念、每季之期限僅十四日、但銷售驚人、因爆竹焰火等、除此兩大節期外、一概禁用、對爆竹之銷售、除加高關稅外、尚須負擔土貨稅與執照等費用、至於其他各國之產品、幾完全被中國爆竹及焰火所擯出、故中國爆竹與焰火、一度曾居不可爭辯之地位、其供給大都自華南各口岸、經香港輸入、因屬奢侈性質、當不景氣之時、爆竹貿易、頗受打擊、

茲將自中國輸入之爆竹列表如下：（價值百萬荷盾）（一九三四年起價值改為國幣單位）

| 年份 | 價值 | 進口總額 | 總額之百分比 |
| --- | --- | --- | --- |
| 一九二八年份 | 一·五 | 一八·九 | 七·九 |
| 一九二九年份 | 一·四 | 一八·七 | 七·五 |
| 一九三〇年份 | 一·七 | 一八·二 | 九·三 |
| 一九三一年份 | 〇·九 | 一四·二 | 六·三 |
| 一九三二年份 | 〇·三 | 六·〇 | 五·〇 |
| 一九三三年份 | 〇·一 | 六·六 | 一·七 |
| 一九三四年份 | 四、七一四 | — | — |
| 一九三五年份 | 一二、六九二 | — | — |
| 一九三六年份 | 六、五七四 | — | — |
| 一九三七年份 | 四、六七〇 | — | — |
| 一九三八年份 | 二 | — | — |
| 一九三九年份 | — | — | — |
| 一九四〇年份 | 一、四九一 | — | — |
| 一九四一年份（一月至十月止） | — | — | — |

(7) 化學產品——上海之化學工業、殊爲發達、東印度不曾爲中國產品之出路、其銷數亦頗可觀、此處所謂之化學產品、乃指牙膏、雪花膏、肥皂、染料等而言、當不景氣之際、此等輸入貨物、頗合一般社會之購買力、用以頂替名牌價高之貨、殊爲相宜、

(8) 紙張與紙製品——在此項目中、自華輸入者、以自廈門輸入之錫箔爲最要、因風俗習慣關係、華人每作爲祭祀祖先之用、東印度又自美國、進口大宗舊報紙、專作雜貨商店包裝之用、但自中國輸入之舊報紙爲數不多、在爪哇祗有一家造紙廠、不敷供給當地之需用、其主要紙張供給者爲荷、英、日、德數國、

(9) 機器、器具、燈盞等——如將第十四項、所列之機器、器具、燈盞等項目分析之、自中國輸入之機器、可云絕無、對於建築設備上之電氣用品、日見增加、輸入之音樂器具則反降低、而燈盞等用品、當不景氣之時、比較上較爲平穩也、

## 六、華人在東印度羣島之重要

### (甲) 人數之實力與捐稅

在前業經述過、東印度羣島之人口、在一九三〇年時、共計六〇、七三一、〇二五人、其中居於爪哇及馬都拉者計四一、七一九、五二四人、居於外羣島者計一九、〇一一、四六八人、居於爪哇及馬都拉之土人、華人、歐人、與其他東方人等之比例、依次各爲一、〇〇〇、三三、三、三、概論東印度羣島之人民、可按歐人、土人及外國東方人等類分之、華人則包括於外國東方人項目內、人數佔其中百分之九二·五、

追溯華人移居此羣島之時期、早在唐宋兩朝、彼等來此之動機、純係經濟目的、其權勢、地位、雖超越土人之上、但對該地政治特權等利益、則永不獲得、當前清時代、華人自福建前往者、爲數頗多、而現在之華人數額、亦大都包括自廈門、汕頭、廣州、福州等處前往者爲最多、其比例依次各爲五、三、一、一、

處於不景氣嚴厲壓迫之下、東印度人民所負直接捐稅之負擔極重、尤以華人爲最、其徵收方式殊多、包括人丁稅、房租稅、傢具稅、限制責任所得稅、土地稅、危險稅、所得稅、財富稅、以及其他等稅、最使人難以容忍負擔者、即財產之估價、規定每五年估計一次、當不景氣時期、所估價值、往往較之實價相差太遠、政府當局對於捐稅、又無軒輊之分、不論歐人及其他外國東方人等、所納捐稅、概與華人相同、

## （乙）移民與匯兌

概論華人移居南洋數量之多寡、適與該殖民地之興旺程度、成爲正比例、當南洋興盛時、自中國出口人數多、但在不景氣時、返國人數亦衆、在近來中國移民之活動、往返南洋中國之間者、進口多於出口、但在一九三四年時、海峽殖民地、昭南等處鑛業、橡膠業、紡織業、商業等、均呈轉善之氣、故自中國移往南洋之人數、亦見增多、茲將華人往返東印度羣島人數之變動、示於下表：

| 年份 | 往東印度人數 | 返華人數 | 返華之餘額 |
|---|---|---|---|
| 一九三三年 | 一一、八〇五人 | 二〇、九七六人 | 九、一七一人 |
| 一九三四年 | 六、九二〇人 | 九、六八八人 | 二、七六八人 |

往返東印度羣島之大部人數、以廈門爲最多、推其自東印度出口人數衆多之原因、大都因該地不景氣仍未消滅、人丁稅一百五十盾之數額過高、使人難以負擔有以致之、中國移民每人均須繳納此稅、無可避免也、（按當時之匯兌率算之、約合華幣三百元）、查一九三五年華人赴東印度之人數爲八、〇五四人、較一九三四年時增加千餘人、

在東印度羣島華僑匯回國內之款額、如與海峽殖民地泰國等僑胞比之、爲數較少、而華人成爲永久居民者約佔百分之七十、其子媳等亦都生而成爲荷蘭籍矣、華人在東印度羣島、如居數代之後、對於匯給在華各親屬款項、亦因時間延長關係而逐漸消滅、查此種匯款、大都由荷蘭安達銀行匯兌之、而經華商華僑銀行匯兌者、僅佔一小部份、荷蘭銀行之分行、設遍爪哇全部、即外羣島各主要港口以及廈門香港上海等處、亦皆有分行、但我華商銀行祗在巴達維亞一處設有分行耳、

華人在東印度羣島以各種經商方式、到處與勁敵相爭、遂造成經濟活動之組織份子、在中間商內、彼等尚爲歐洲進口商及當地消費者重要之媒介人、除在巴達維亞、三寶壟、泗水、各大城市設有歐商另售商店外、其餘之另售商行、以及遊方商等、悉操華人之手、華人又爲開發未開化區域貿易最不可缺少之先鋒、在蘇門答臘之金鑛、煤礦、及東岸之各農場、與邦加（Banca）及勿里洞（Billiton）各地之錫鑛等、無不僱用華工、婆羅洲西部農業之發達、大都亦由華工承担之、又有多數華人在極短時間內、以其智慧、勤勞、節儉等特性、遽成大富、故彼等身爲大商店、銀行、農場、工廠等主人翁者、皆日積月累中來、非一朝一夕可致也、